KB126056

Pre-퇴직러가 전하는

직장살이 비결

Pre-퇴직러가 전하는
직장살이 비결

초판 1쇄 발행 2023년 5월 1일

지 은 이   이원호
발 행 인   권선복
편   집   권보송
디 자 인   김소영
전 자 책   서보미
마 케 팅   권보송
발 행 처   도서출판 행복에너지
출판등록   제315-2011-000035호
주   소   (157-010) 서울특별시 강서구 화곡로 232
전   화   0505-613-6133
팩   스   0303-0799-1560
홈페이지   www.happybook.or.kr
이 메 일   ksbdata@daum.net

값 18,000원

ISBN   979-11-92486-73-4 (13190)

도서출판 행복에너지는 독자 여러분의 아이디어와 원고 투고를 기다립니다. 책으로 만
들기를 원하는 콘텐츠가 있으신 분은 이메일이나 홈페이지를 통해 간단한 기획서와 기
획 의도, 연락처 등을 보내주십시오. 행복에너지의 문은 언제나 활짝 열려 있습니다.

| 더 나은 직장생활, 후회 없는 인생살이를 위해서! |

Pre-퇴직러가 전하는

직장살이 비결

이원호 지음

도서
출판 행복에너지

행원, 책임자, 팀장, 지점장, 고경력 직원 순으로 연결되는 5단계의 직책에 세 번의 승진 그리고 30년이 넘는 세월. 회사와 함께한 인생을 요약해보니 이렇게 단출한데 뭘 그리 욕심 부리고, 갈망하고, 좌절하고, 미워하고, 질투하고, 때로는 누군가를 원망하며 살았는가 하는 생각이다.

현직으로서의 직장 이력을 한 줄로 정리해보면 행원 8.5년, 책임자 8.5년, 팀장 4.5년, 지점장 8.5년이다. 30년 현역 시절은 이렇게 유수같이 흘러갔고, 지금은 Pre-퇴직러가 되어 임금피크제로 근무하고 있다.

나의 이력은 동년배나 입사 동기들과 비교해 화려하지도 않고 뒤처지지도 않는 아주 평범한 수준이다. 물론 나보다 먼저 승진해 지점장을 더 오래 한 인물도 있고, 지역본부장·부행장까지 역임한 동기들도 있다.

이와는 반대로 누구나 다 지점장을 할 것 같아도 개중에는 본의 아니게 그렇지 못한 사람이 더러 있다. 본인은 분명 지점장까지, 아니 그 이상을 간절히 원했고 노력 또한 적지 않앗을 것이다. 그런데도 자기 뜻대로 되지 않는 게 우리네 삶인가 보다.

인생을 살다 보면 자신의 실수나 잘못으로 혹은 남의 모함이나 견제 등으로 원치 않은 일이 수없이 발생한다. 하늘이 무너질 것 같은 좌절감을 맛봐야 하는 때도 있고, 친구나 동료와 의견이 틀어져 크게 싸우기도 하고, 함께 근무하던 동기보다 먼저 승진하여 기쁨을 누릴 때도 있다. 그런데 세월이 지나고 보니 이러한 격정적인 포인트가 당시와는 달리 그리 심각한 일이 아니었고, 이해되는 것이 참 많다.

2021년 1월 현직 생활을 마감하고 고경력 직원(교수)으로 전환되었다. 이른바 Pre-퇴직러가 된 것이다. 지점장을 하다 인사발령 부임일부터 곧바로 다른 일을 하려니 당황스럽기도 하고, 아쉽기도 하고, 서운하기도 하면서 오만가지 감정이 파노라마처럼 스쳐 간다. 일의 무게가 감소한 만큼 급여도 자동 삭감되었다.

누구라도 언젠가 반드시 내려와야 하는 자리를 비워준 셈이다. 아끼던 후배들에게 소중한 자리를 내주었다는 안도감과 함께 한편으로는 어리게만 보이는 후배들이 걱정되기도 한다. 하지만 잘할 것이고, 앞으로는 더욱더 큰일을 해낼 것이다. 후배들을 믿고 응원해줘야 한다.

현재 주어진 업무가 전과 비교해 상당히 단순하고, 책임져야 할 일이 줄어들면서 평화로운 시간이 대폭 늘어났다. 지금까지 살면서 이랬던 적이 있었나 싶을 정도다. 평소 좋아하던 글도 쓰고, 책도 읽고, 취미생활도 하고, 운동도 하면서 나만의 시간을 갖는 여유와 여기에서 발현되는 마음의 여백은 그동안 느껴보지 못한 색다른 즐거움이다.

직장생활 중 아쉽고 후회되는 일이 많고 많은데 그중에서도 나만의 신념을 바탕으로 앞만 보고 내달리느라 생애 최고의 VIP인 가족들에게 소홀했던 점, 평판 약화의 원인 중 하나가 된 강함을 좀 더 일찍 깨닫지 못했던 점, 미래를 대비한 자격증 취득이나 공부가 부족했던 점이 지금도 마음에 걸리고 못내 아쉽기만 하다.

그래도 내게는 소중한 가족과 더없이 친한 직장동료들이 있고, 특히나 직장에서 갈고닦은 역량과 밑천은 인생 리오프닝을 열어가는 강력한 엔진이 되어줄 것이다. 여기에다 보이지 않는 나만의 자산도 있다. 30년 세월의 다양한 인생 경험, 틈틈이 쌓아온 사람들과의 관계와 오랜 기간 열심히 해왔던 메모 콘텐츠이다.

이러한 강점을 살려 지나온 세월을 돌아보며 5단계의 직급에서 벌어졌던 에피소드를 현실감 있게 풀어 당신의 가치를 높일 수 있는 직장살이 비결을 소개하고자 한다.

인생살이에서 진정으로 중요한 것이 무엇인지, 직장생활에서는 어떤 마음가짐과 행동이 필요한지, 일찍 알아 두면 더 많은 도움이 될 것들이다.

　이 글이 대단한 어록은 아닐지라도 직장살이 비결을 통해 더욱 지혜롭고 풍요로운 사회생활을 영위하고, 조금만 더 생각하면 누구나 피해갈 수 있는 불필요한 시행착오를 줄일 수 있으면 좋겠다. 비록 현직에서 목표로 했던 더 높은 자리에 오르지는 못했으나 또다시 일어서 전과 다른 길을 향해 힘차게 달려가는 평범한 직장인의 평범한 이야기이기에 조금은 공감되리라 믿는다.

CONTENTS

제2장 **더 나은 나를 위해**

제3장 리더의 혼돈

Pre-퇴직러가
전하는
직장살이 비결

제1장

젊은 시절의 갈증

일이란?

👤 P의 생각: 일은 매우 감사한 선물이다.

삶의 필수 조건인 일을 그저 먹고 살기 위해 어쩔 수 없이 하는 노동이라고 생각하면 어떠한 감정이 생겨날까? 아마도 자신이 대단히 한심스럽고 초라하다는 기분이 들어 하는 일마다 힘만 들고, 재미도 없고, 짜증이 나면서 삶에 대한 깊은 회의감에 빠져 살아갈 의욕을 잃고 말 것이다.

생계를 위한 일이든 성공을 위한 일이든, 잘하는 일이든 좋아하는 일이든 일은 매우 감사한 선물이다. 일은 기본적인 생계 문제를 해결해주는 것부터 관계, 공부, 취미, 여행과 같은 일상이 가능하도록 뒷받침해주고 인간으로서의 존재 이유, 소속감, 성취감, 자아실현 등 수준 높은 정신적인 욕구까지 충족시켜준다.

일한다는 자체가 긍지이자 행복의 중심으로 자리매김하고 있는 셈이다. 더 나아가 사회에 이바지하는 길이기도 하고, 자신의 꿈과 이상을 실현할 수 있는 과정이기도 하다. 더욱 중요한 것은 일을 통해 사람들과 관계를 맺으며 인생을 배울수 있다는 점이다. 일이 곧 자기 발전의 터전이다.

몸이나 정신에 아무 탈이 없어 튼튼한 상태로 활동을 하며 산 기간이 건강수명이다. 기대수명만큼이나 중요한 의미가 있다. 이 기간이 늘어나면서 사람과의 교류가 지속될 수밖에 없어 인간관계를 능동적으로 이끌어주는 수단이 필요하다. 일이다. 하지만 우리의 삶을 책임져주는 일자리는 오히려 감소하는 추세다.

인공지능이 인간의 머리가 되어 분석과 예측을 하고, 로봇이 사람의 몸을 대체하여 제품을 생산해낸다. 이와 같은 현상은 이미 산업현장에 깊이 파고들었고, 시간이 지날수록 우리가 설 자리는 더욱더 줄어들 것이다. 요즘 흔히 볼 수 있는 키오스크나 음식 배달 로봇과 같은 단순 자동화시스템을 도입하는 분야도 가파르게 늘고 있어 아주 단순한 일자리마저 빠르게 사라지고 있다.

일자리는 줄고 있는데 건강수명 연장과 맞물려 경제활동인구는 점점 증가하고 있다. 삶의 경쟁이 더욱 치열해짐은 물론이고 일자리 구하는 게 그야말로 하늘의 별 따기나 다름없는 세상이다. 국가 경제가 발전하고 부가 축적될수록 경제적인 여유와 함께 .삶이 풍족해져야 하는데 현실은 그리 녹록하지 않다.

그렇다고 일 안 하고 그냥 먹고 놀면 재미가 있을까? 노는 것도 하루 이틀이지 두세 달만 지나면 별의별 생각이 다 떠오른다. 내가 왜 사는 거지? 내가 지금 뭐 하고 있는 거지? 내가 사람인 건 맞나? 존재 이유와 삶의 가치에 대한 깊은 의문점이 생겨난다. 이런 문제에 답을 주고 인간으로서 살아있음을 느끼게 하면서 그 느낌에 활력과 영혼을 넣어주는 게 바로 일이다.

① 일은 꿈을 이루게 도와준다.

아무리 멋진 꿈과 기가 막힌 계획이 있어도 경제에 문제가 있거나 사회적인 관계를 적절히 맺지 못하면 마음먹은 대로 할 수 있는 일이 별로 없다. 열심히 일해 돈을 모으고 사람들과의 관계를 통해서 꿈에 그리던 전원주택이나 자동차도 살 수 있고, 가족과 함께 여행도 떠날 수 있고, 평소 자신이 하고 싶었던 공부도 원 없이 할 수 있다.

일상생활의 중추적인 역할을 담당하면서 자신의 포지션을 정확하게 대변하는 척도가 일과 직업이고, 일을 통해 자신이 원했던 꿈과 목표를 이루어내면서 삶의 의미도 더불어 찾아낼 수 있다. 주의할 점은 일이 중요하다고 해서 일에 빠져 가족은 물론이고 자신의 사생활마저 등한시하는 일 중독자는 성장의 지속성을 장담하기 어렵다는 것이다. 자신이 바라는 워라밸이 이루어졌을 때 일의 가치가 더 빛난다.

② 일은 사회생활의 연결고리 역할을 해준다.

인간은 여럿이 어울려 공동생활을 하는 동물이기 때문에 서로 주거니 받거니 교감하고 함께 생활하면서 자기 존재감을 확인할 수 있을 때 살아가는 보람을 느끼게 된다. 동료들과 아이스 아메리카노 한잔하며 수다도 떨고, 거래처 전무와 만나 경제가 돌아가는 얘기도 하고, 친구를 만나 막걸리도 한잔하며 사는 게 인생이다.

평범해 보이기는 해도 이와 같은 관계 유지는 사람을 만나야 가능한 것으로 그 만남의 중앙에는 일이 있다. 일이 없으면 만나는 사람도 확 줄어든다. 어쩌다 만난다 해도 그냥 집에서 먹고 논다고 하면 무슨 어려운 부탁이라도 받을까 봐 그런지 일단 거리감을 두면서 다시 만나기를 꺼린다. 인정하고 싶지 않지만, 이는 주변에서 자주 목격되는 현상이다.

③ 일은 의식주를 포함하여 경제적인 문제를 해결해준다.

직장인이 회사에서 아이디어를 내고 보고서를 쓰든, 농부가 시골에서 밑거름을 주며 고추 농사를 짓든, 자영업자가 상가에서 떡볶이를 팔든 일해서 소득을 올려야 살아가는 데 필요한 옷도 사고, 쌀도 사고, 집도 살 수 있다. 나아가 부모님께 용돈도 자주 드리고, 아이들에게 맛있는 과자나 아이스크림도 사줄 수 있다. 이것이 일해야 하는 가장 핵심적인 대목이다. 자신과 가족의 생계와 직결되기 때문이다.

👤 P의 생각: 일 잘하는 사람은 깔끔하다.

일을 잘하는 사람은 업무 실력이 당연히 뛰어나고, 작업 환경을 깨끗하게 유지해 언제 어디서나 즉시 일할 태세를 갖추고 있다. 생각도 단순 명쾌하여 자신의 의사가 분명하고, 복장은 대체로 단정한 편이다.

① 작업 환경이 늘 깨끗하다.

자리에 서류가 쌓여 있지도, 메모지가 덕지덕지하지도 않다. 업무처리가 끝나자마자 즉시 결재를 올리고, 환경을 정리하는 습관이 몸에 배어있어 주변이 늘 깨끗하다. 너무 깔끔해서 누가 보면 일 안 하는 사람으로 오인하기 쉬운데 이는 환경 정리를 잘해 쌓일 서류가 없는 것일 뿐 필요할 땐 누구보다도 신속하게 찾아낸다.

전리품처럼 여기저기 붙여 놓은 메모지도 없다. 해야 할 일이 빼곡히 적혀져 있는 메모지가 일정 관리를 잘해줄 것이라는 믿음은 그저 환상일 뿐이다. 오히려 형형색색의 메모지가 업무에 대한 스트레스만 가중한다. 수차례에 걸친 실험 결과, 서류는 서류철에 꽂아 두고 일정은 탁상용 달력에 적는 게 가장 효과적인 정리 방법이라고 한다. 깔끔한 작업 환경이 중요한 이유는 무슨 일이 닥치더라도 즉각적으로 대응하여 처치할 수 있고, 정신상태를 말끔하게 정리해 주기 때문이다.

② 생각이 단순 명쾌하다.

일에 대한 열정이 넘쳐나다 보니 평소에도 생각을 많이 한다. 그렇게 쌓이고 정제된 생각 덕분에 자신이 전달하고자 하는 것과 상대방이 궁금해하는 것을 짧게 말하는 데 도가 텄다. 그러면서도 자신의 의사는 확실하게 표현하고 전달한다.

동료들과는 서로 불편하지 않도록 적당한 관계를 맺고, 그 관계에도 지나치게 많은 의미를 부여하지 않는다. 가족 같은 직원이 존재하기 어렵다는 사실을 익히 알아 직원들에 대한 의미를 '일하기 괜찮은 동료', '이 정도면 충분해'라고 단순하게 정의한다. 모든 사람에게 좋은 사람은 없다는 사실도 잘 인지하고 있어 동료들의 말에 일희일비하지 않으며, 자기 주관대로 사람들과의 관계를 단순 명쾌하게 가져간다.

③ 복장이 단정하다.

복장이 단정한 사람은 믿음이 가고 무슨 일이든 다 잘할 것이라고 기대한다. 단정하고 깔끔한 외모를 꾸준히 유지하려면 지속적인 노력과 정성이 들어가야 하는데 일에 대해서도 그렇게 할 것이라 믿기 때문이다.

형식이 정신을 지배한다는 말이 있다. 군인이 왜 제복을 입으며, 스님이 왜 승복을 입고, 신부가 왜 사제복을 입을까를 생각해보면 복장에 대한 남다른 의미를 짐작할 수 있다. 직장인, 사회인들에게 복장은 또 다른 자신의 표현이다.

👤 P의 생각: 지금 하는 일을 좋아하는 게 중요하다.

대학 시절 줄곧 무역회사에서 일하고 싶은 생각을 했다. 세계는 넓고 할 일은 많다는 말처럼 서류 가방 하나 들고 전 세계 오대양 육대주를 누비면서 위대한 대한민국 코리아를 팔고 싶다는 희망에서였다. 나의 바람과는 달리 무역회사가 아니라 어쩌다가 은행에 들어와 30년 넘게 일해왔고, 오래 근무한 덕분에 남들이 금융전문가라고 부른다.

원했던 다른 일을 가슴에 묻고 시작한 은행 생활이었으나 시간이 지나면서도 불행하다고 생각해본 적이 거의 없다. 오히려 지금까지 나의 인생을 책임져준 평생직장이 되었다. 많은 사람을 만났고, 잊지 못할 인생 추억을 쌓아왔고, 없어서는 안 될 소중한 보금자리가 되었다.

힘들게 배운 전공이나 타고난 적성을 무시하면서 어쩔 수 없이 다른 일을 하라는 의미가 아니다. 살다 보면 세상의 모든 일이 다 뜻대로 되기 어렵고, 무슨 일이 일어날지 아무도 모른다. 꼭 하고 싶은 일이어도 쉽지 않을 때가 있고, 그저 그런 일도 하다 보니 적응이 되더라는 얘기다.

평소에 빵을 너무 좋아해 동네 상가에 빵 가게를 차렸다. 환경이 만들어졌으니 이제부터는 마음 푹 놓고 빵을 연구하고 구우면서 좋아하는 일을 할 수 있을 것이다. '내가 좋아서 하는 일'이라 의욕이 넘쳐난다. 의욕과는 달리 실전경험이 충분하지 않아 장사라는 게 그리 만만치 않다. 빵 만드는 작업에 많은 시간과 노력을 들여야 해서 매장 관리나 마케팅에 힘쓸 여력이 턱없이 부족하다. 고객 관리가 필요 없을 정도로 맛이 좋으면 천만다행이지만, 그렇지 않으면 결과가 충분히 예견된다.

궁극적으로는 빵을 팔아서 생활비로 충당하고 임차료, 관리비 및 각종 공과금도 내야 하는데 현금이 흐르지 않아 매일같이 돈을 걱정하며 살아야 한다. 좋아서 하는 일이 취미가 아닌 엄연한 직업이 된 이상 빵을 판매해서 남는 게 있어야지 이득이 없거나 너무 적으면 아무리 좋아하는 일이어도 종국에는 지치게 된다.

잘하는 일과 좋아서 하는 일이 있다. 이 두 가지의 일 중에서 어느 쪽이 더 중요한가에 대해 직장동료들 혹은 친구들과 얘기를 나눠본 적이 있는가? 없다면 지금이라도 얘기해보자. 미래와 꿈에 대해 진지하게 생각하는 기회가 된다.

좋아하는 일을 잘하는 일로 만드는 게 최고이고 둘 다 잘하면 그야말로 큰 행운이지만, 이 같은 구분에 너무 얽매일 이유는 없을 듯하다. 좋아하지 않았던 일도 필요 때문에 하다 보면 잘하게 되고, 잘하게 되니 그 일을 좋아하게 된다. 잘하지 못하는 일도 좋아서 하다 보면 재미가 있고, 재미있게 하다 보니 그 일을 잘하게 된다.

잘하는 일과 좋아하는 일에는 각각의 특징이 있다. 잘하는 일은 자신감을 주고 남보다 잘할 수 있다는 믿음이 강해 과정보다 결과를 중요시한다. 대부분은 결과도 좋다. 반면에 자만심에 사로잡혀 남을 인정하지 않으려 하고, 일에 관한 고집이 세며 자기 계발을 소홀히 하는 경향이 있다. 좋아하는 일은 만족감을 주고 결과보다 과정을 중요시한다. 숙달되지 않아 시행착오가 종종 있는 편이고, 성과가 약하거나 느리게 나타나는 경우가 많다.

잘하는 일과 좋아하는 일을 굳이 구분하려는 것보다 일 자체를 귀하게 여기는 마음이 한결 중요하다. 직업에 귀천이 없듯이 일의 구분이 따로 있는 것이 아니다. 그러나 좋아하는 일을 평생 하고 싶다면 잘하는 일로 만들어야 하며, 무엇이 되었든 간에 소기의 성과가 있어야 한다. 성과가 미흡하거나 현실이 뒷받침되지 않는 경우 그냥 로망으로 끝날 확률이 높다. 치밀하게 조사하고 준비해서 시행착오를 최대한 줄여야 지치지 않고 오래 할 수 있다.

어찌 보면 내가 좋아하는 일을 일부러 만들어서 하는 것보다 내가 현재 하는 일에 최선을 다하고 좋아하는 것이 더 평탄한 삶일지도 모른다.

워라모니

👤 **P의 생각:** 일과 삶에는 조화가 필요하다.

"강 과장, 일을 참 잘하네."

"감사합니다. 더 열심히 하겠습니다."

"아니 그런 뜻이 아니라 결재서류가 너무 완벽해. 고맙긴 한데 그렇게 하려면 시간이 오래 걸리고 힘들 텐데."

"괜찮습니다. 조금만 더 신경 쓰면 됩니다."

"강 과장이 올리는 서류는 손볼 게 없어. 모든 사항을 다 검토해서 그냥 사인만 해도 될 정도야."

"성격이 원래 그래서요. 완벽해야 마음이 놓이거든요."

"강 과장 다 좋은데 앞으로는 그러지 않으면 좋겠어. 지금도 충분히 잘하고 있으니 쉬엄쉬엄해도 괜찮아."

강 과장과 나눈 대화에서 알 수 있듯이 일하는 습관이 완벽을 추구하는 스타일이다. 어쩌다 지적을 받거나 잘 모르는 업무가 나오면 만리장성을 쌓는 한이 있더라도 이를 기필코 해내야 하고, 이해가 가지 않거나 마무리하지 못한 일이 있을 때는 퇴근 후에도 업무가 생각난다고 한다. 일례로 잠자리에 누워서도 내일의 일이 떠올라 이따금 선잠을 잔다는 것이다. 동료들은 이러한 행동이 대단하다고 평판하지만, 지점장인 나는 그게 제일 큰 걱정거리였다. 완벽이란 어디에도 존재하지 않을 뿐 아니라 존재한다고 해도 이를 추구할수록 엄청나게 힘들어진다는 사실을 알고 있기 때문이다.

일은 분명 감사한 선물이다. 근데 강 과장 정도에 이르면 일과 삶의 조화는 물 건너간 일이다. 온갖 정신과 몸짓이 완벽을 향하고 있어 생각의 닻을 내리지 못한 채 하루종일 먹잇감을 찾아 떠도는 하이에나처럼 매 순간 일만을 상상하며 자신을 불태우다 번아웃 신드롬에 빠질 수도 있다.

생활의 양식이어야 할 직업에 사생활을 많이 희생해 일만 하는 상태를 이르는 말이 '일 중독증'이다. 흔히 '일벌레' 또는 '워커홀릭'이라고 부르기도 하는데 이들은 다른 곳에 관심을 두지 아니하고 강 과장의 경우처럼 오로지 일에만 열중하기 때문에 일과 삶의 균형을 맞춘다는 건 언감생심이다. 일상생활과 사회활동의 중심축이 지나치게 일에 쏠려있어 일과 가정 또는 사생활과의 균형이 깨지기 쉽다.

일벌레 대부분이 회사의 일은 스쳐 가는 말까지 거의 전부를 기억해내면서 집안의 일은 가족회의를 통해 결정된 중차

대한 사항도 이삼일만 지나면 까맣게 잊고 산다. 심지어는 가족들과 불미스러운 설전이 벌어지기도 한다. 나 역시 언제나 가족보다 회사나 일이 먼저여서 회사의 일정이 잡힌 후에라야 개인적인 계획을 세웠다. 가족 행사는 늘 바쁘다고 하는 나를 중심으로 정했다. 그마저도 회사에 무슨 일이 생기면 가족과의 약속은 자동으로 취소되었다.

이러한 행동과 태도가 열정이고 직장인의 도리라고 생각해 왔는데 직급이 올라갈수록, 시간이 지나갈수록, 퇴직이 임박할수록 가족에서의 내 입지가 점점 좁아지는 느낌을 받는다.

직장생활의 만족감은 일의 질이나 일하는 시간이 절대적인 비중을 차지하는데 이를 주관적으로 극복하기에는 여러 한계점이 존재한다. 동료들과 공동으로 해야 하는 일이 수시로 발생하고, 쉬고 싶어도 회사 사정상 출근해야 하는 때도 있고, 어느 때는 누구나 싫어하는 일임에도 누군가는 해야 해서 자기 입맛에 맞는 일을 골라서 한다는 건 그저 희망일 뿐이다.

대충 할 수도 없는 노릇이다. 사람은 기회가 왔을 때 주어진 일에 최선을 다해야 자신이 원하는 삶의 선택지가 더 넓어진다는 것을 알기 때문에 가족의 소중함을 충분히 인식하고 있으면서도 하는 수 없이 일에 매달릴 수밖에 없는 상황이 벌어진다. 가정이나 개인적인 일은 하고 싶은 대상과 투입되는 시간을 나름은 조절할 수 있다. 친구와의 운동 약속을 다음 달로 미루거나, 한 시간 하던 스트레칭을 시간이 부족하니 30분만 한다거나, 관심 있는 분야를 주중이 아닌 주말에 공부하는 것처럼 말이다.

직장생활에 있어 진정으로 중요한 게 뭘까? 높은 연봉? 본인의 적성에 맞는 업무? 아니면 직장동료들과의 원만한 관계? 심리학자들에 따르면 행복한 직장생활을 위해서는 일과 삶의 균형을 의미하는 워라밸Work & Life Balance을 유지하는 게 무엇보다 중요하다고 한다.

시소의 수평을 유지하기는 쉽지 않은 동작이다. 일과 삶의 균형을 맞추는 것 역시 어려운 문제다. 어느 하나라도 소홀히 여길 수 없는 대상이면서 양쪽에 투입되는 시간과 무게가 달라 고도의 균형감각이 요구된다. 이처럼 둘 간의 균형점 찾기가 힘들다는 사실을 고려할 때 균형이라는 이분법적 해석보다 조화라는 어울림의 개념을 도입할 필요가 있다.

시간이 많이 투입되고, 피할 수도 없는 일 자체를 삶의 중요한 축으로 여기면서 일과 삶의 하모니를 추구하는 것이다. Work & Life Harmony. 줄임말로 '워라모니'다.

모든 일이 그렇지만, 노력은 하지 않고 추구만 한다고 조화로워지지 않는다. 듣기 좋은 화음을 내기 위해서는 일을 잘해야 한다는 것과 합리적인 업무 스타일이 전제되어야 한다.

업무 스타일

👤 **P의 생각:** 이렇게 일하는 습관은 당장 바꿔야 한다.

① 잘 모르는데도 혼자 처리하려고 한다.

근무 기간이 짧아 업무 실력이 크게 부족한데 자신의 업무를 말없이 혼자서 처리하려는 인물이 있다. 얼핏 보아 책임감이 높은 사람으로 비쳐질 수 있으나 학교에서 공부하듯 연구하는 자세로 일하는 버릇 때문에 업무처리가 매번 늦고, 결재받지 않은 서류가 수두룩하다. 간단하게 끝낼 일인 것 같은데 몇 날 며칠이 걸리곤 한다.

업무 공부를 열심히 해서인지 자기주장도 강한 편이다. 동료들의 조언이 결국은 자신을 위한 일인데도 이를 업무에 대한 간섭이자 자신을 저평가하는 행위라며 당당하게 되받아친다. 의외의 경험을 한 번 겪은 동료들이 다시는 입을 열지 않아 자신이 좀 더 발전할 기회를 스스로 날려버리는 꼴이다.

학교에서의 공부와 직장에서의 업무는 완전 다르다. 공부는 혼자 하고 혼자서 책임지면 그만이다. 직장에는 외부 고객과 직장동료와 같은 내부 고객이 존재한다. 외부 고객의 경우 업무처리가 빈번하게 늦어지면 처음에는 불만을 제기하다 나중에는 아예 거래를 끊어버린다. 동료들 역시 처리 중인 업무가 하루라도 빨리 마무리되고, 대기 중인 다른 업무가 신속히 진행되기를 바라는 마음이 크다.

업무 공부는 직장인으로서 마땅한 도리이지만, 기한이 정해진 업무를 연구하듯 무작정 혼자 처리하려는 태도는 열정이라기보다 쓸모가 없는 고집으로 보인다. 자신만의 업무처리 방식을 주장하며 시간을 끌 게 아니다. 잘 모르겠으면 동료들이나 상사에게 자문하여 실무적인 능력을 키워야 한다. 그들은 자신보다 업무 지식이나 경험이 풍부하여 어떻게 하면 더 빨리 잘해낼 수 있는가를 알고 있다.

② **당장 해야 할 일을 자꾸 미룬다.**

대부분은 업무가 많거나 바빠서 밤늦게까지 근무한다. 만약 특정 직원에게 업무가 쏠려 초과근무가 불가피하다면 당연히 업무를 조정하거나 일하는 방식을 바꿔 업무를 경감시켜 주어야 한다.

문제는 업무시간에 집중하지 않고 있다가 퇴근 시간만 임박하면 바쁘다는 직원이다. 미루기의 대가답게 자신은 조용히 혼자 있어야 능률이 오른다고 하니 그 핑계가 걸작이다. 합당하지 않은 이런 사유로 초과근무를 하는 직원 때문에 업무를 마치고 정당하게 퇴근하는 직원들이 오히려 그 직원의 눈치를 봐야 하는 이상한 사태가 벌어지면서 근무 분위기가 가라앉고, 조직의 효율성마저 저하된다.

초과근무를 밥 먹듯이 하는 이들의 특징은 출근이 늦거나 근무 중에 수시로 자리를 비워 집중도가 현격히 떨어진다. 업무시간에는 업무에만 집중해야 한다. 그래야 능률이 오르고 실력도 높일 수 있다. 자기 스스로 혼자 일하는 스타일이라고 정의하며 지금의 일을 뒤로 미루는 습관은 누구에게도 환영받을 수 없다.

전문가들에 따르면 자신의 노력에 따라 두 달이면 미루기 습관을 고칠 수 있다고 한다. 새로운 습관을 형성하는 데 18일에서 254일의 기간이 소요되며, 평균적으로는 66일 정도 걸린단다. 중요한 사실은 66일 동안 시간만 보내면 되는 게 아니라 마음을 다잡고 노력해야 한다는 점이다. 자신이 좀 더 인정받고 싶다면 미루기 습관을 고쳐야 한다.

③ 하는 일마다 자기주장이 강하다.

한번은 현금흐름이 일시적으로 막혀 애를 태우고 있는 기존 거래기업인 ㈜덕양유엘씨로부터 긴급자금 요청이 있었다. 반나절 정도 지나 검토를 마친 실무자가 들어와서 하는 말이 "저는 더 지원하면 안 된다고 생각합니다."라고 한다. 얼마 전에도 운영자금을 지원한 적이 있고, 신용등급이 낮아 담보 없이는 추가 대출이 어렵다면서 지원하면 왜 안 되는지에 대해 열심히 설명한다. 내부 규정을 기준으로 봤을 때 틀리지 않는다. 하지만 의사 결정자인 내 생각과 판단을 말하기도 전에 실무자가 자기 의견을 지나치게 강조하여 의사결정의 폭을 좁히는 게 문제다.

이런 상황에서는 안 된다고 하는 직설적인 표현보다 기존 대출이 많아 여신심사센터와 협의가 필요하고, 실무상으로 풀어내기 어려운 문제가 있다는 등 자신이 파악한 상태를 자세히 전달하는 게 우선일 것이다. 그러면 아무리 의욕적인 상사라 할지라도 열심히 검토한 직원의 수고를 전적으로 이해하는 한편 자신도 과거에 많이 취급해봤던 일이라 실무적인 검토에 어려움이 있으리라고 충분히 예상한다.

사실 이번 고비만 잘 넘기면 경영상 애로사항이 줄어들 것 같아 무슨 좋은 방법이 없을까를 심사숙고하는 와중에 부정적 의견을 제시한다는 건 불난 집에 부채질하는 격이다.

실무자가 자기 생각을 얼마든지 제시할 수 있다. 또 그래야만 조직이 건전한 방향으로 발전한다. 주의할 점은 자신이 먼저 확정적으로 결론짓거나 하는 일마다 자기주장이 강한 경우 그것이 부메랑으로 돌아와 이견 조율을 모르는 사람으로 낙인될 공산이 크다는 것이다.

㈜덕양유엘씨는 대표이사 개인 거래는 물론이고 급여이체,

퇴직연금, 카드 등 임직원 관련 거의 전부를 당행과 거래 중인 고마운 기업이다. 게다가 신규 거래처를 소개해주는 등 기록되지 않는 도움도 많이 주는 편이어서 항상 고맙게 생각하고 있는데 실무자가 대출 자체만 보고 이러한 기여도를 간과한 모양이다. 지금도 거래 중인 ㈜덕양유엘씨는 코로나 위기를 잘 극복하고, 더 큰 꿈을 달성하고자 임직원 모두가 힘쓰고 있다.

자의든 타의든 대부분 매일같이 해야 할 일이 있고, 그 일을 처리할 때 스타일이 고유하다. 개인의 취향에 따라 업무처리 방식이 제각각이다. 결과치도 천차만별이다.

이러한 사실을 알고 있는 조직에서는 업무오류를 방지하고, 평균 생산성을 높이기 위해 어느 한 사람의 독특한 스타일보다는 전체에게 적용할 수 있는 업무 프로세스를 지향하고자 한다. 공통의 업무 매뉴얼을 만들고 직원을 연수시키는 이유다.

많은 사람이 실무에 적용하고 있는 스타일을 벗어난 업무 습관을 지니고 있으면서도 이를 고쳐보려는 노력 없이 계속 반복하는 행동이 구성원 간 불협화음을 일으킨다. 자기 발전에도 심각한 장애가 된다. 익숙한 자신만의 스타일을 바꾸기란 쉽지 않다. 그렇다고 그 스타일이 효율적·효과적이라고 장담하기도 어렵다.

주변 동료들이 자신의 업무 스타일을 자주 지적하고, 고객과의 마찰이 빈번하게 발생한다면 업무수행 방식이 과연 올바른지를 점검해봐야 한다. 권장하는 업무 습관이 '워라모니'를 창출하는 데에 일조한다면 비효율적인 업무 스타일은 쓸모없는 물경력 쌓기에 십상이다. 안 좋은 습관이 있다면 과감하고도 신속하게 바꾸는 것이 자신을 실력 있는 사람으로 만들어가는 일이다.

〈직원들이 행복한 ㈜덕양유엘씨〉

1988년 설립된 ㈜덕양유엘씨는 양재도 대표이사가 2007년부터 바통을 이어받아 포워딩을 주력으로 삼는 중소기업이다. 자회사로는 ㈜덕양유엘씨부산(육상운송과 창고), ㈜덕양로지스(창고), ㈜51티엔고우코리아(이커머스) 등이 있고, 균형 잡힌 소규모 그룹을 만들어 사업 영역을 확장 중이다.

예를 들어 덕양이 일용 잡화 이커머스 사업에 뛰어든 이유는 보유 중인 창고를 활용하여 시너지효과를 극대화하기 위함이다. 실제로도 이커머스를 통해 그 효과를 톡톡히 보고 있는데 티엔고우에서 운영 중인 오픈 마켓과 SNS 채널을 통한 주문량이 크게 늘면서 창고 경영이 그 빛을 발하고 있고, 최근 1곳의 자가 창고를 추가로 확보해 수도권 물류거점을 안정적으로 구축함에 따라 서비스의 질을 한층 업그레이드할 수 있게 되었다.

특히 인도, 미얀마, 인도네시아, 중국에 국외법인을 설립하여 해상·항공 포워딩과 육상운송·창고를 직접 운영함과 동시에 전 세계 100여 개국 파트너들과의 긴밀한 연계를 통해 화주들에게 안정적인 물류 서비스를 제공하면서 종합 물류회사로서의 성장기반을 차곡차곡 쌓아가고 있다.

몇몇 대기업 자회사가 국내 수출입 컨테이너 화물의 80% 이상 처리하고 있음을 간파하고, 일찌감치 해외 시장으로 눈을 돌린 선견지명이 덕양을 건강한 기업으로 이끄는 나침반이 되었다.

또한 중국에 있던 제품생산기지가 동남아시아로 이전하는 추세에 대응하기 위해 대만 물류 시장에서 선두를 다투고 있는 CIF와 함께 베트남 호치민에 JV를 설립하여 베트남 물류 시장 공략에도 심혈을 기울이고 있다.

덕양이 지금까지 사업을 영위할 수 있었던 최고의 비결은 고객 맞춤형 서비스를 최우선 가치로 여기는 신념으로서 화물을 목적지까지 적기에 안전하게 인도하기 위해서라면 언제든지, 어디든지 달려간다는 각오로 업무에 임하고 있다.

중소기업임에도 살아있는 경영을 위하여 직원들의 해외 출장에 제한을 두지 않고 있는 것이 좋은 사례라 할 수 있다. 지위 고하를 막론하고 전 직원이 출장 기회를 얻는 것이다. 해외에 나가 현장에서 부딪히다 보면 자연스레 노하우도 쌓이고, 양질의 서비스가 얼마나 중요한지를 터득하게 된다는 것이 양 대표의 지론이다.

직원들에 대해서는 사업을 시작할 때부터 지금까지 일관되게 고수해온 양 대표만의 소신이 있다. 비록 대기업이 아니라서 서로

서로 도와줄 계열사는 없더라도 "우리 직원들끼리 똘똘 뭉쳐 화목하게 지내자. 직원들이 화목해야 우리의 고객들도 행복해진다. 행복해진 고객은 우리의 수고와 노력을 절대 잊지 않고 우리를 꼭 다시 찾아주고, 없던 일도 만들어준다."라는 것이다.

대기업이 아닌 중소기업에서 30년 넘게 물류 외길을 걸어온 양대표의 생생한 현장 경험에서 나오는 혜안이다. 회사의 규모나 매출도 중요하지만, 조그마한 것이라도 직원들과 고객의 행복을 찾아 전진하겠다고 힘주어 말한다.

물경력 10년

👤 **P의 생각:** 10년 했다고 다 전문가가 아니다.

심리학자 앤더스 에릭슨은 세계적인 바이올린 연주자와 아마추어 연주자 간의 실력 차이는 대부분 연주한 시간의 양에서 비롯된 것이며, 우수한 집단은 연주 시간이 1만 시간 이상이었다고 주장했다. 어떤 분야에서 전문가가 되기 위해서는 적어도 1만 시간 정도의 훈련이 필요하다는 요지로 매일 3시간씩 훈련할 때 이는 약 10년에 해당하는 기간이고, 10년 정도 노력하면 누구나 전문가가 될 수 있다는 논리다.

에릭슨의 주장과는 달리 1만 시간을 한 분야에 똑같이 투자하면 누구나 다 성공해야 하는 데 그 시간을 채웠다고 해서 모두 전문가가 되는 게 아니었다. 성공하는 사람이 있는가 하면 성공은커녕 외려 실력이 도태되는 사람도 적지 않았다.

연구 결과에 따르면 사람의 기술이 고도로 숙달되어 기계적인 처리가 가능한 단계에서는 대체로 성장이 멈추고, 그 이후의 연습이 실력으로 이어지지 않는다고 한다. 실력을 높이려는 '의식적인 노력'이 없는 경우 시간이 지남에 따라 기존의 실력도 서서히 나빠지기 때문이다.

1만 시간의 법칙이 유효하기 위해서는 어떤 분야에 무조건 시간을 투입하는 게 아니라 한 단계씩 전진하는 구체적인 사이클이 있어야 한다. 좋아하는 일을 찾아 꾸준히 연습해 목표를 달성함으로써 자신감을 얻고, 이를 통해 또다시 도전하는 사이클이다. 10년 했다고 저절로 전문가가 되는 것이 아니다. 1만 시간을 투입하여 성공한 이들을 보면 자만하지 않고 꾸준한 연습의 선순환에 올라섰기 때문에 최고의 전문가로 인정받을 수 있었다.

고유한 업무를 10년 넘게 해왔지만, 회사 규정이나 업무 내용을 잘 모르는 직원이 의외로 있다. 예를 들어 고객이 아파트는 담보가액이 어떻게 산정되는지, 신용평가표에서 중요하게 여기는 항목이 무엇인지, 1년짜리 정기예금 금리가 얼마인지 궁금해하는데 이를 곧바로 대답하지 못하고 옆에 있는 동료에게 물어본다.

이들은 반복적으로 이루어지는 업무 특성상 현재 알고 있는 얕은 지식과 업무적인 권위만으로도 일상적인 업무처리가 가능하기 때문인지 신상품이 출시되고, 각종 제도가 수시로 바뀌고 있는데도 공부를 제대로 하지 않아 말 그대로 물경력만 늘려간다. 시간 투자 대비 경쟁력 있는 전문성을 확보하지 못하는 이력이 물경력이다. 어렵지 않아 웬만한 사람도 충분히 해낼 수 있는 일, 단순 반복적인 일만 하는 경우가 이에 해당한다. 일의 질이 아니라 새로운 업무나 환경에 도전하지 않아 핵심 역량 축적 없이 그저 연차만 쌓아가는 커리어를 지칭하는 말이기도 한데 이러한 사람이 문제시된다. 무늬만 경력이지 실력은 속 빈 강정이다.

이상하게도 물경력을 뽐내는 사람일수록 고객이나 동료들과 불협화음을 자주 일으킨다. 소위 폭탄이라고도 불리는 이들의 이름값이 너무 형편없어 정기인사 시즌이 다가오면 물경력자가 제발 자기 근무처로 오지 않기를 기도할 지경이다. 본인의 의도와 관계없이 회사에 불필요한 사람으로 지목되어 직장생활 추락이냐 아니냐의 갈림목에 서게 되는 꼴이다.

업무경력 10년이 허공에 뜨는 가장 큰 원인은 업무에 필요한 공부와 노력을 기울이지 않아서이다. 자신의 업무 스타일이 엄청나게 비효율적인데도 시간이 지나면서 요령을 터득하게 되고, 그 요령이 숙달되다 보니 스타일을 개선할 생각이 없기 때문이기도 하다. 남들이 보기에 일 다루는 방식이 합리적이지 않으나 자신은 비합리가 습관화되어 불편한 점을 느끼지 못하는 것이다.

이러한 행동들에 대해 바뀔 거라 기대하며 조언도 하고 가르쳐도 보지만, 잘 변하지 않는 게 물경력자들의 고집이다.

결국 쌓이는 건 무미건조한 연차뿐이다.

일의 질이나 일 자체가 아니라 자신의 무능과 게으름으로 물경력만 쌓아가는 이들에게서 품격 있는 서비스를 기대하기란 꿈속에서나 가능한 일이다. 그래도 자기 자리를 굳건히 지킬 수 있는 이유는 실력이 아니라 기계적으로 습득한 업무 지식과 10년이 훌쩍 넘는 실전 경험이 있기 때문이다.

모든 조직이 경험도 많고 비용도 만만치 않은 고경력자들에게 더욱더 생산적이고 창의적으로 일해주길 바란다. 대부분이 바람대로 해낸다. 하지만 물경력 소유자의 경우 열정은 고사하고 기초적인 업무 지식도 부족해 애당초 생산성이니 창의성이니 하는 것들을 기대하기가 어렵다.

그리고 어떤 일이 틀어졌을 때 자신은 틀림없이 잘하고 있는데 분명 뭔가 다른 것에 문제가 있다고 단정하면서 모자라고 미흡한 점을 깨우치기보다는 그 원인을 고객 탓, 제도 탓, 다른 직원 탓으로 돌리는 특성이 있다. 지역본부 팀장으로 근무할 때 알게 된 사실로서 확률상 조직 구성원의 10% 정도는 이와 유사한 직원이 있다.

어차피 다녀야 할 직장이라면 뭐라도 필요한 사람이 되어야지 10%의 사람으로 지정되어서는 본인도 회사도 서로가 피곤할 뿐이다. 이런 관점에서 나는 어느 영역에 있는지를 되짚어보는 것은 꽤 괜찮은 자기성찰이다.

적자생존

👤 P의 생각: 적는 자만이 살아남는다.

어떤 기자가 아인슈타인 집으로 인터뷰를 하러 왔다. 기자는 아인슈타인의 다양한 이론들과 일상생활에 대해 이것저것 물어보고, 실험실을 촬영한 후 인터뷰를 마쳤다. 기자가 집을 나서면서 아인슈타인에게 집 전화번호를 물었다. 그런데 아인슈타인이 주머니에서 작은 수첩을 꺼내 들었다.

"가만 우리 집 전화번호가 어떻게 되더라."

"아니 박사님, 지금 댁 전화번호를 모르셔서 수첩을 뒤적이는 건 아니시겠죠?"라며 깜짝 놀란 기자가 물었다.

그로서는 세계 최고의 두뇌를 자랑하는 석학이 고작 자신의 집 전화번호를 외우지 못해 수첩에서 찾는다는 것은 상상조차 할 수 없던 일이었다. 그러나 어이없는 표정을 짓고 있는 기자에게 아인슈타인은 태연하게 대답했다.

"적어두면 쉽게 찾을 수 있는 걸 왜 힘들게 기억합니까. 나는 사소한 것은 기록하고 잊어버리는 게 낫다고 생각합니다.

그렇게 두뇌를 비워놔야 빈 곳에 창의적인 생각을 채우고, 좀 더 효율적으로 쓸 것 아닙니까?" 아인슈타인의 반문에 기자는 수긍할 수밖에 없었다고 한다.

위 내용은 서울 매봉산 공원 공중화장실에 쓰여있던 글로 2014.1.19일 메모했고, 그때 자세히 적어두었기에 지금 여기 있는 것이다. 다만 지금까지 붙어있는지는 확인하지 못했다.

차장 시절 개인 고객 부문에 대한 마케팅 전반을 담당하면서 각종 보고서와 영업점에 공지하는 문서를 꽤 많이 생산했다. 팀원들 모두가 비슷한 업무를 하면서 진부한 사고에서 벗어나 보다 새로운 아이디어를 찾고자 무던히 노력했던 시기이기도 하다.

말이야 쉽지, 획기적이면서도 쓸 만한 아이디어를 발굴하기란 드넓은 공원에서 네 잎 클로버를 찾는 것이나 다름없어서 팀원 모두의 고심이 이만저만 아니었는데 다행히도 내게는 메모 콘텐츠가 있었다. 덕분에 아이디어가 새롭고, 좀 괜찮다는 말을 이따금 들었다. 이는 내가 잘나거나 능력이 뛰어나서가 아니다. 그동안 메모했던 글귀와 내 생각을 적절하게 조합하여 남들과는 조금 다른 결과물을 내놓았기 때문이다.

책을 읽으면서 마음에 드는 글귀나 주옥같은 문장이 나올 때 대부분이 밑줄을 긋는다, 형광펜을 칠한다, 포스트잇을 붙인다, 페이지를 접는다, 주석을 단다, 사진을 찍는다 등과 같은 온갖 열정을 보인다. 이 모든 게 그 내용을 조금이라도 더 오래 기억하고자 하는 시도인데 책을 읽은 뒤 메모라는 중차대한 작업을 생략한 채 별도의 조치 없이 책꽂이에 책을 예쁘게 진열한다.

그것도 책의 제목이 정면에서 보이는 방향으로 꽂아 포스트잇 표식은 온데간데가 없고 짧게는 2~3일, 길게는 2~3주 정도가 지나면 책의 내용이 가물가물해진다. 이러한 이유로 대화를 하거나 회의 자료를 작성하면서 읽었던 책의 글귀가 문득 생각나 이를 활용하고자 해도 극히 일부분만 떠올라 원하는 대로 완성하지 못하는 경우가 허다하다.

기억은 시간이 지나면서 자신도 모르게 변질하여 왜곡이나 오해의 여지가 다분하다. 기록은 변함이 없으면서도 오래가고 분명하기까지 하다. 수백, 수천 년이 더 지나서 지금 발견되는 기록물을 볼 때마다 기록의 위력이 느껴진다.

메모는 보이지 않는 확장성까지 있어서 활용 가치가 높다. 과거를 남기는 단순한 기록의 한계를 넘어 메모하는 중간중간에 기발한 발상을 떠올리기도 하고, 자기 의견을 자유롭게 덧대기도 하면서 상상의 폭을 넓혀간다. 기억을 연장하는 힘마저 있다. 수동적으로 읽거나 듣는 것과는 달리 메모할 때는 각별한 주의를 기울여야 하기 때문이다. 명석한 두뇌의 기억력보다 무딘 연필의 메모가 더 강하다.

👤 P의 생각: 메모는 아이디어의 출발점이다.

메모가 귀찮고 써먹을 곳도 없어 하지 않는다는 사람이 있다. 이는 어이없는 핑계일 뿐 아니라 그 편익을 제대로 알지 못하는 데에서 나오는 말이다. 메모는 잊었던 과거를 선명하게 떠올릴 수 있도록 도와주고, 누구나 애타게 찾는 아이디어의 출발점이 된다.

그런데 어째서 출발점이 되어준다는 말인가? 아이디어는 자신이 알고 있는 어휘에서 나오고, 그 수에 비례하여 아이디어의 질과 크기가 결정되는데 기존에 적어 놓은 메모지에서 자신이 필요로 하는 어휘를 대량으로 찾아낼 수 있다. 내용이 너무 예뻐 꼭 기억하고 싶은 문구, 자신의 지혜를 업데이트해줄 수 있는 문구, 실생활에 유익하다고 판단되는 문구를 주로 메모하기 때문에 고품질의 어휘가 수두룩하다.

아이디어를 늘리는 방편으로는 자신의 흥미나 관심을 끄는 책이야말로 최고의 양서가 된다. 책에 적힌 내용과 정보도 도움이 되지만, 자신이 모르는 새로운 어휘를 많이 제공해준다. 그리고 단지 책을 읽는 것만이 아니라 읽는 도중 마음에 드는 단어나 문장이 나오는 경우 반드시 메모해야 그 활용 가치를 높일 수 있다.

성공한 CEO들은 한결같이 메모의 중요성을 강조한다. 경험상 메모해놔야 까먹지 않게 된다는 메모의 효용성을 알기 때문일 것이다. 좋은 글귀가 있으면 그저 감탄만 하지 말고 메모해야 한다. 나는 메모한 지 1년 정도가 지나 써먹을 일이 생겼고, 그 요령도 터득하게 되면서 메모에 대한 욕심이 저절로 생겨났다. 20년 가까이 메모해온 나만의 경험을 적어본다.

일관성 있게 ①어느 하나를 정해 그곳에 적어야 한다. 그래야 필요할 때 즉시 찾아내고 추가적인 메모도 질서 있게 할 수 있다. 업무와 관련된 얘기가 있어 직원을 호출하면 손에 쥐고 오는 메모 수단이 직원마다 참 색다르다. 포켓용 수첩, 업무용 노트, 한 번 쓰고 난 이면지, 심지어는 고객들이 쓰는 입출금전표를 들고 오는 예도 있다. 메모를 하긴 해야 하는데 습관화가 제대로 안 된 탓이다.

메모의 양이 많아지는 경우 관리하기가 어려워지므로 날짜 순보다는 ②주제나 키워드를 중심으로 정리하는 게 좋다. 찾기가 편리한 것은 물론이고, 키워드 간 비교가 가능하여 자신이 원하는 것 이상으로 독창적인 문맥을 만들어낼 수 있다.

내용은 가능한 한 ③자세히 적어야 한다. '이 정도만 적어도 다 생각나겠지.' 하면서 머리와 꼬리를 떼어내고 핵심 문구만 간략하게 기록하면 나중에 무슨 말인지 하나도 모르게 된다. 설령 안다고 해도 행간의 본래 뜻을 이해하기 어려워 메모를 응용할 때 확신이 떨어진다.

목표의 힘

👤 P의 생각: 작고 쉬운 목표가 자신감을 준다.

목표는 그 크기와 관계없이 달성하고 나면 성취감을 느낀다. 여기에서 얻은 성취감은 또 다른 목표를 설정하는 동력이되고, 목표를 대하는 태도와 열정을 확고하게 만든다.

성취감의 순환이 지속되려면 우선 목표를 자주 달성하는게 중요한데 실행하기 쉬운 목표라야 가능하다. 목표가 크다고 더 많은 일을 해낼 수 있는 건 아니다. 처음부터 목표를 과도하게 설정하는 경우 만나야 할 사람이나 준비물이 많아져이게 부담으로 작용한다.

쉬운 목표는 중도 포기가 거의 없고 동기부여 요인도 많다. 몇 번 정도 성공하고 나면 자신감이 생기면서 요령도 터득하게 되어 자신도 모르게 더 큰 목표에 도전하고 싶은 생각이저절로 든다.

작고 쉬운 목표란 목표에 따른 스트레스 없이 짧은 시간을 투자해서 가볍게 실행할 수 있는 소소한 것들을 말한다. 저녁 먹고 동네 한 바퀴 돌기, 스마트폰에 저장된 사진 정리하기, 책꽂이에 있는 책 20페이지 보기와 같은 것이 쉬운 목표에 해당한다고 볼 수 있다. 별도의 준비물 없이 마음먹기에 따라 즉시 실행할 수 있는 목표들이기 때문이다.

오늘의 목표를 저녁 먹고 동네 한 바퀴 도는 것으로 정하고 퇴근 후 곧바로 실천에 옮겨본다. 일주일 동안 한 번도 빠지지 않고 열심히 산책하다 보면 이제부터는 빠른 걸음으로 걷거나 헬스장으로 가서 본격적으로 운동하고 싶은 마음이 생겨날 것이다. 이렇게 목표의 크기를 차근차근 키워간다.

사정상 어쩔 수 없이 목표를 크게 잡긴 잡았는데 그 크기에 압도되어 중도에 그만두고 싶은 생각이 든다면 목표를 잘게 쪼개서 차곡차곡 실천해보는 거다. 하루 1시간을 걷겠다고 했으면 오늘은 시간이 부족하니 10분 만이라도 걷겠다, 한 달에 책을 한 권 떼겠다고 했으면 최소한 하루에 5페이지 만이라도 읽겠다는 식이다.

당연히 해야 하는 일상적인 일도 무심코 하지 말고 목표로 전환해서 해보는 거다. '어휴 내일 또 청소하고 빨래해야 하는데.'가 아니라 '내일은 세탁기 먼저 돌리고 청소를 끝낸 다음 점심에 친구를 만나 카페에서 수다나 떨어야지.'라고 하면 지겨웠던 청소와 빨래가 목표화되어 기다려지는 대상으로 변신한다. 목표로 인해 청소와 빨래를 대하는 태도가 달라지는 것이다.

　같은 목표라 해도 생각을 바꾸면 쉬운 목표로 전환할 수 있다. 큰맘 먹고 일 년에 한 번 정하는 새해 결심은 '금연하기, 절약하기, 다이어트하기' 등 대부분이 '○○하기'로 채워진다. 이러한 목표들은 뉘앙스 자체가 풍기는 부담감 때문인지 시작도 하기 전에 엄청난 각오를 해야 하고, 많은 시간과 노력과 자원을 투입해야 하는 것처럼 보인다. 굳센 다짐이 작심삼일로 끝나는 이유 중 하나다.

　발상의 전환을 해보는 거다. '하기'를 '하지 않기'로 바꾸는 일이다. 금연하기를 담배 피우지 않기, 절약하기를 충동 구매하지 않기, 다이어트하기를 과식하지 않기라고 하면 어렵게만 보였던 목표가 금방 해낼 수 있는 일로 여겨진다. 가만히 있어도 저절로 이루어지는 듯한 쉬운 목표로 변신하는 것이다.

　'하지 않기'는 '하기'와 달리 시간이나 장소가 별도로 있어야 할 필요가 없다. 남에게 조언을 구하거나 누군가를 귀찮게 하지 않아도 된다. 쉬워 보이면 의욕이 생기고 실행도 간단한 법이다.

👤 P의 생각: 의욕적인 목표가 행동을 이끈다.

달성하기 쉬운 작은 목표가 개인에게 자신감을 준다면 조직에서는 의욕적인 목표가 구성원들의 행동을 만든다. 경영계 일각에서는 5% 성장은 불가능해도 30% 성장은 가능하다는 견해가 있다.

지속적인 성장을 추구해야 하는 조직의 경우 얼마 안 되는 만만한 목표로는 동기부여가 미약하다. 예상보다 작은 목표가 떨어지면 구성원 대부분은 천만다행이라고 생각하며 안도의 한숨을 내쉰다. 일하는 방식에서도 옛날 그대로를 고집하기 때문에 색다른 변화나 획기적인 결과를 기대하기가 어렵다. '이 정도는 식은 죽 먹기야. 너무 걱정하지 마. 우리 천천히 하자고.'라는 말이 나올 정도이면 보수 안정적인 목표를 세웠다는 명백한 증거다.

이는 목표를 향한 열정과 책임감을 일깨워주기보다 구성원들의 정신상태와 행동을 느슨하게 만들어 5% 성장이 아니라 3% 성장도 힘들어진다. 마음만 먹으면 언제든지 해낼 수 있다고 과신하며 목표 달성에 필요한 행동을 마지막까지 유예하다 성과를 올릴 수 있는 타이밍을 놓치곤 한다.

조직에는 역동성이 있어야 한다. 생동감 넘치는 행동과 사고를 만들어내기 위해서는 도전정신을 불러일으킬 만한 의욕적인 목표가 필요하다. '아니 이 목표를 어떻게 달성하라는 거지. 이거 큰일이네. 다들 모여봐.'라는 말이 나오면 의욕적인 목표가 부여된 것이다.

대개가 엄청난 목표를 보고 크고 작은 걱정을 해도 그것은 잠시 잠깐이다. 기존 방식대로라면 목표 달성이 어려울 것으로 판단하고는 업무 프로세스를 개선하거나 파격적인 아이디어를 제시하는 등 전과 전혀 다른 혁신적인 전략을 짜내고, 이에 필요한 행동을 재빠르게 전개한다.

30%라는 의욕적인 목표가 구성원들의 사고와 행동을 대대적으로 변화시키면서 최선의 노력을 다하게 만들어 목표 달성과는 별개로 이미 일차적인 목적을 달성하는 셈이다. 결국 이러한 변신과 노력으로 인해 아무리 못해도 30%의 절반인 15% 성장이 가능한 것이다.

의욕적인 목표가 직원들을 힘들게 한다는 등 부정적인 시선으로 바라볼 수 있다. 중요한 사실은 과도하다 싶은 목표가 구성원들의 생각을 '적극적'으로 이끌어 조직과 구성원들을 발전시킨다는 점이다.

👤 P의 생각: 목표가 있다면 글로 써야 한다.

비장한 결심으로 엄청난 목표를 세웠으나 중도에 포기하거나 결과가 기대치에 미치지 못했던 경우가 누구에게나 있다. 자신이 해낼 수 있는 고유한 능력이나 처해 있는 환경을 신중하게 고려하지 않은 것이 가장 큰 원인이다. 목표를 세울 때는 의욕만을 앞세우기보다 자신의 환경과 현실을 냉정히 판단하는 일이 무엇보다 중요하다.

좋은 목표라고 볼 수 있는 것을 예시로 들면 실행할 수 있도록 현실에 바탕을 둔, 통제가 가능한, 사회에 이로운, 지금 당장 시작할 수 있는 일들이다. 또한 목표는 명확할수록 좋으므로 목표를 수치화해야 한다. 무엇을, 언제까지, 얼마만큼 한다는 것 등을 숫자로 표시해야 목표 달성에 대한 의지가 더욱 강렬해진다.

머릿속의 목표는 마치 신기루와 같아 금방 사라진다. 글로써 문자화한 목표는 읽을 수도 있고, 형상으로도 남아 그 위력이 대단하다. 목표가 있다면 글로 적어야 한다. 이는 목표를 이루는 첫 번째 단계이면서 매우 중요한 일이다.

버킷 리스트 달성은 아직 먼 훗날의 일이라며 막연하게 동경만 할 게 아니다. 생생하게 글로 적어야 한다. 그러면 그 순간부터 꿈이 이루어지기 시작하는 것이다. 쓸 때는 하고 싶은 것, 갖고 싶은 것, 가보고 싶은 곳 등과 같이 구체적으로 나눠서 적는다. 이는 상대적으로 쉬운 작업이라 목록 작성에 자신감이 생긴다. 예를 들어 하고 싶은 것을 적었으면 실행기간에 맞춰 단기·중기·장기로 구분하고, 진행 상황을 주기적으로 업데이트한다. 작성한 날짜와 희망하는 날짜를 적으면 피드백할 때 좋다.

글로 썼으면 눈에 잘 띄는 곳에 붙여 놓고 수시로 봐야 한다. 자주 보면 볼수록 목표 달성에 대한 의지가 더욱 강해진다. 동네방네 소문내야 한다. 그중에서도 가족들과의 목표 공유는 쓸 만한 방법이다. 가족이어서 한층 더 두꺼운 책임감을 느끼는 까닭에 귀찮아도 실천하게 될 뿐만 아니라 힘들 때 진심 어린 응원과 적극적인 협조도 기대할 수 있다.

지속적인 피드백 역시 빼놓을 수 없는 부분이다. 진도는 계획대로 나아가고 있는지, 그렇지 않다면 자신의 노력 부족이나 게으름 때문인지 아니면 계획에 문제점은 없는지 등을 살펴보는 것이다. 그리고 보다 더 효율적인 다른 방안이 있는지, 계획을 수정하거나 아니면 더욱 강하게 밀고 나가야 하는지 등도 곰곰이 따져본다.

목표 피드백은 자신이 힘들어지거나 게을러질 때 중도에 포기하지 않도록 하는 힘을 발휘한다.

인생 시나리오

👤 P의 생각: 인생 시나리오에 미래가 있다.

인생을 살면서 자신의 미래상에 대하여 진지하게 생각하거나 글로 써본 적이 거의 없을 것이다. 직장인들은 회사에서 연수를 받을 때 가끔 써보기는 하는데 대부분이 인생 전체가 아니라 회사가 바라는 인재상으로 쏠리게 된다. 당장 회사의 눈치를 봐야 하고, 나아가 출세도 해야 하는 중압감이 은근히 작용해서다.

신입 사원 연수 중 나의 미래상에 관해 썼던 기억이 아련하다. 장래에 어떤 사람이 될까였는데 회사생활 잘하기, 업무 전문가 되기 등을 적었던 기억이 난다. 그때는 꿈이 작았는지 승진이라고 해야 고작 과장이었고, 회사 외에는 다른 일을 전혀 상상하지 못했던 것 같다.

모 회사의 Success Academy에 참석한 적이 있다. 각종 강연과 성공담을 듣고 난 후 그룹별로 모여서 자신의 인생 시나리오를 작성하고 각자가 돌아가면서 발표했다. 내가 참석한 그룹의 평균나이는 40대 후반이었고, 그들의 눈빛이 마치 레이저 광선과도 같았는데 뭔가를 꼭 이루고야 말겠다는 비장한 각오의 표식으로 보였다.

시나리오 노트를 보면 정중앙에 큰 원이 있고, 그 원을 따라 8개의 작은 바퀴가 달려 있다. 이른바 '인생 수레바퀴'이다. 당면 목표나 시간이 오래 걸리는 꿈 같은 것을 하나의 바퀴에 하나씩 구체적으로 적는다. 이렇게 8개의 바퀴를 채워가면서 인생 시나리오를 완성한다.

작성요령은 목표의 수치화에 근거하여 '무엇을 언제까지 이룬다, 얼마를 어떻게 한다.'와 같이 쓰되 대상, 날짜, 규모가 꼭 들어가야 하고 나머지 내용도 상세하게 작성할 것을 권장한다. 각자가 작성한 시나리오 내용을 보니 80% 정도가 비슷했다. 집, 차, 자녀, 효도, 여행, 기부와 관련된 내용이었고 어떤 목표는 너무 상세하여 그 약속을 지키기 어려울 정도였다.

인생 수레바퀴는 보통 일 년에 한 번 정도 작성하는데 내용이 같을 수도 있고 다를 수도 있다. 매년 새로 작성하다 보니 시간이 지나면서 생각도 달라져 바퀴에 들어가는 내용이 약간씩 바뀌는 것이다. 변동이 없는 바퀴는 목표에 관한 집념을 더욱 견고하게 해주고, 변동이 있는 바퀴는 인생 시나리오를 점점 더 업그레이드시켜 준다.

수레바퀴를 다 채우지 못한다는 것은 꿈이 없거나 아직도 막연히 꿈만 꾸고 있다는 뜻이다. 그렇다고 너무 실망할 필요는 없다. 지금이라도 꿈을 체계화하면서 수레바퀴를 채워가면 된다. 인생 시나리오를 지금까지 한 번도 써보지 않았다는 것은 구체적인 목표 없이 막연한 삶을 살고 있거나 어떻게 써야 하는지 그 요령을 잘 몰랐을 수도 있다.

인생 시나리오는 조금이라도 더 젊었을 때 써봐야 한다. 나이가 들어서는 신경 쓰고 챙겨야 할 일이 많고, 이미 형성된 자신의 주변 환경을 고려하지 않을 수 없는 터라 진짜 꿈을 그리기가 어려워진다.

젊어서는 자신의 미래상을 자신 있게 그려낼 수 있다. 환경을 고려한 목표가 좋은 목표라고 강조한 것과는 별도로 자신의 미래에 대해 거칠 것이 없어 진정으로 바라는 꿈을 솔직하게 표현할 수 있다. 그러면서 당면한 과제가 무엇인지, 마음속 깊은 곳에서 꿈틀거리는 진실이 무엇인지, 또 그것을 이루려면 어떻게 해야 하는지를 스스로 깨닫게 된다.

인생이란 각본이 정해진 일일연속극이 아니다. 뜻대로 안 되는 게 인생이라지만, 고도로 짜인 시나리오를 손에 쥐고 있다면 자신이 의도한 대로의 삶을 자신감 있게 그려갈 수 있다.

직장동료

👤 P의 생각: 직장동료는 피붙이 가족이 아니다.

　직장 내에서 친목을 도모하려는 대표적인 시도가 회식이
다. 직원들과 호흡을 맞춰 잘해보자는 게 가장 큰 목적이고,
그 방편으로 동료들 간 가족 같은 관계를 만들려고 시도한다.
이러한 기획을 통해 분위기가 형성되면 일시적으로 어느 선
까지 성과가 올라가기는 한다. 그러나 과도한 회식이 사생활
을 침범하여 구성원들을 힘들게 하고, 자주 하다 보면 반드시
안 좋은 일이 발생한다. 술기운이 빌미가 되어 실수 아닌 실
수를 하는 것이다.

　평소 사이가 좋지 않았던 동료들끼리는 심하게 틀어지기도
한다. 어느 때는 의견 충돌로 고성이 오가는 일도 발생한다.
맨정신에 하는 얘기도 대부분 업무 관련이어서 재미가 없다.
이쯤 되면 회식하는 본래의 취지는 온데간데없이 복닥복닥
먹고 마시고 불만만 쏟아내는 성토장이 되고 만다.

　가족처럼 친하게 지내기 위해 모임을 만들기도 한다. 월 회

비를 꼬박꼬박 내고 별도로 만난다. 직장 내 모임 대부분은 자생적인 것이 아니라 모셨던 상사의 뜻에 따라 인위적으로 만들어지는 경우가 많다. 태생이 이렇다 보니 만나면 또다시 직장 얘기가 나온다. 흥미가 떨어지고 모임 자체에 불편함을 느끼는 건 당연하다.

직장생활을 피곤하게 만드는 것은 가지가지다. 동료들과의 관계에 많은 의미를 부여하는 일도 그중 하나다. 온종일 좁은 공간에서 함께 일하는 동료들과 기왕이면 좋은 관계로 지내는 건 권장할만한 사안이다. 문제는 즐겁고 재미있는 직장이 되기 위해서는 동료들 간 가족같이 친하게 교류하면서 서로가 많이 알아야 한다고 규정하는 데에 있다.

하지만 대부분이 친밀한 교류를 극도로 꺼린다. 관계에서도 적당한 거리두기를 선호한다. 평범하게 알고 있는 수준에서 일정한 거리를 두고 기본적인 에티켓을 지켜나가는 게 변함없이 오래가는 방법이다.

사실 동료들은 처음부터 몰랐던 사이다. 이처럼 잘 알지도 못하고 서로의 인생에 책임질 수 없는 남남이 모여 아무리 친하게 지낸다고 한들 가족과 같은 관계가 된다는 것은 불가능에 가까운 일이다. 어쩌다 가족같이 친해졌다 싶으면 그 깊이만큼 걱정거리도 함께 늘어나는 것이 관계의 함정이다.

더 나아가 지나치게 가까운 사이가 되면 모든 것을 다 이해해주리라는 전제가 깔려 존중받기도 어렵다. 상대에게 기대하는 것 또한 많아져 사소한 일로도 툭하면 서운해진다. 더욱 치명적인 점은 자신의 모습을 드러낼수록 자신의 약점과 단점을 스스로 밝히는 꼴이어서 모든 게 불리해진다는 사실이다. 가족처럼이 아니라 타인처럼 사무적인 거리를 두고 관계를 맺어가는 행동이 현명한 처신이다.

자신의 일터인 회사는 직장인들이 많은 시간을 보내야 하는 아주 소중한 활동 공간이다. 그 공간이 불편하면 출근이 싫어지고, 일하는 재미도 떨어진다. 관계 설정에서 실마리를 찾을 수 있다. 사생활을 침해하는 가족 같은 관계는 아예 접어두고, 자유롭게 소통하고 공감할 수 있는 조직 문화를 만드는 일이다. 서로가 자유롭게 대화하면서 일에만 집중할 수 있는 마음이 편한 공간이다.

직장동료는 회사에 다니다 일정 기간 소임을 다하면 맨 처음 남남이었던 그 당시로 돌아가 또다시 남남이 되어 그간 쌓였던 관계가 정리되는 사이다. 동료를 피붙이로 여긴다고 해서 인맥이 되는 것도 아니고, 평생 내 사람이 되는 것도 아니다. 적당한 관계가 인맥을 만들고 인생의 동반자가 되도록 이끌어준다. 상사와의 관계 역시 그에 못지않게 중요한 일임을 기억해두자.

직속 상사

👤 **P의 생각: 상사는 이길 수 없는 존재다.**

상사와 궁합이 맞지 않아 애먹는 직원이 많다. 그런데 이상하게도 자신을 힘들게 하는 상사일수록 리더가 갖추고 있어야 할 기본적인 자질이 부족해 보이고, 실력도 그럭저럭한 것 같고, 열정도 눈에 띄지 않는다. 설령 그렇다고 해도 상사를 무시하거나 이기려 해서는 안 된다. 상사는 절대 이길 수 없는 존재이다.

여러 단계의 상사 중 권한이 제일 약한 직속 상사가 최고 의사 결정권자인 사장보다 힘이 세다. 모든 일은 직속 상사를 통과해야 추진할 수 있고, 자신의 인사평가에도 중대한 영향을 미친다. 이렇게나 중요한 사람을 계급 차이가 얼마 안 된다고, 자신보다 나이가 적다고 만만하게 대하는 사람이 있다. 정말 철없는 행동으로 이런 직원이 잘된 예를 본 적도 없거니와 잘될 리도 없다.

때론 평소 자신의 소신과 어긋날 때 맞서 싸울 줄 아는 젊은 패기가 있어야 한다고 생각할지도 모른다. 그러나 그 소신이 일반상식과 어긋남이 없다 하더라도 직속 상사와 맞서 싸우는 일은 패기가 아니라 객기에 불과하다. 직장에서 윗사람에게 대들면 안 된다는 금기어가 있듯이 상사에 대한 항명은 지워지지 않는 주홍글씨와 같다. 어느 조직이든 상사와의 싸움은 질 수밖에 없는 도전이다.

조건 없는 예스맨이 되라는 말이 아니다. 상사라는 거대한 바위가 자신 앞에 버티고 있다면 늘 지혜롭고 현명하게 처신해야 한다. 상사는 언제든 고민을 털어놓고 도움을 청할 수 있는 든든한 지원군이지 몹쓸 적이 아니다. 그런 만큼 자신이 한 발 더 다가서려는 용기가 필요하다. 처신에 따라 아군이 될 수도 있고, 직장살이가 끝날 때까지 질긴 악연이 될 수도 있는 게 직장 상사와의 관계다.

간혹 없느니만 못한 인물로 취급당하는 사람이 있다. 이는 그 사람이 아예 못났거나 일을 등한시하기 때문이 아니다. 열심히 하고 싶은데 업무를 제대로 몰라서 못 하는 경우, 동기부여가 약해 의욕이 떨어지는 경우가 상당하다. 상사인 자신도 과거를 회상했을 때 모든 걸 다 잘하거나 항상 열정적이지는 않았을 것이다. 잡초에 정성을 쏟으면 보기 좋은 화초로 변신하는 것처럼 부족한 점이 다소 있더라도 근본적인 문제가 없는 한 일단은 이끌어주고 키워준다는 마음으로 정성을 다해야 한다. 정성은 절대 거짓말을 할 줄 몰라 나쁜 일에 정성을 들이면 나쁜 결과가 나오고, 좋은 일에 정성을 들이면 좋은 결과가 나온다.

자신에 대한 주변의 평판이나 직원들의 상사평가만 신경 쓰면서 다소 부족한 직원을 현 상태로 방치하는 일은 그 직원과 조직을 더 큰 위험으로 내모는 꼴이다. 상사라고 해서 권위만을 생각하면 곤란하다. 자신의 책무에 최선을 다하면서 구성원들에게 진심 어린 정성을 쏟아야 한다.

아랫사람들도 일단 상사는 멀리하고 보자는 태도가 아니라 진심이 담긴 열린 마음으로 대해야 한다. 상사와 궁합이 맞지 않는다는 게 자신만의 편견일 수도 있고, 나아가 실제로 자신이 잘하지 못하는 경우일 수도 있다. 자신을 투명하게 객관화하여 인정할 건 인정하고, 고칠 건 고치고, 받아들일 건 받아들여야 지속적인 자기 발전을 도모할 수 있다.

직장 상사는 조직의 발전에 헌신적으로 이바지해 왔으며 그들이 있었기에 현재의 일자리가 있는 것이다. 혹시나 직장에서 세대 간의 갈등이 있다고 할지언정 각자가 정성을 쏟으면 풀지 못할 심각한 문제가 아니다. 기억해두어야 할 점은 상사나 선배가 걷고 있는 지금의 길을 머지않아 당신도 걸어야만 한다는 사실이다. 당신은 지금의 윗사람보다 더 멋지고 존경받는 상사가 되어야 하지 않겠는가?

본인의 인사

👤 **P의 생각: 본인의 인사는 본인이 하는 것이다.**

직장인들은 누구나 자신이 원하는 부서에서 근무하기를 바라고 가능하면 경쟁자보다 조금이라도 더 빨리 승진하려고 온 힘을 쏟는다. 회사마다 다소간의 차이는 있어도 윗사람이 평가하는 인사고과가 직원들의 이동과 승진에 결정적인 역할을 한다.

그렇다면 상사들은 어떤 것을 기준으로 평가를 시행할까? 업적과 평판이다. 업적 등과 같은 정량적인 부문은 회사 내부에 평가 지침이 있어 크게 고민하지 않아도 되고, 업무처리 능력은 직접 확인할 수 있는 부문이다. 문제는 평판이라는 정성적인 부문이다. 공정한 평가에 꼭 필요한 요소인데, 직원들과 자주 접할 기회가 적어 개개인에 대한 정보 취득이 쉽지 않기 때문에 상사들은 다양한 경로를 통해 됨됨이를 파악하면서도 직원들이 얘기하는 평판을 중요시한다.

평판은 현재의 직장생활 태도나 조직에 대한 간접적인 기여도를 나타내는 유의미한 지표 중 하나다. 이러한 이유로 인사 평정을 하거나 중요한 사안을 결정할 때 업적이나 당사자의 업무 능력 등을 중심에 두고 직원들이 이구동성 하는 평판을 긴요한 정보로 활용한다.

한두 사람으로는 개인적으로 안 좋은 감정이 섞여 있어 험담과 같은 오류가 있을 수 있다. 하지만 사람의 눈은 대부분 엇비슷하여 몇 사람 정도라면 그 직원에 대한 편견을 커버하고, 전체적인 평판의 공통분모를 찾아내기에 충분하다. 믿을 수 있는 정보가 되는 것이다.

평판이 좋은 사람과 나쁜 사람 간에는 분명한 차이가 있다. 김 과장은 동료들한테 인기가 좋은데 곁에서 지켜본 결과 그의 태도는 이랬다. 일단 본인이 열심히 일하고 업무 지식이 해박하다. 상처 주는 말보다 칭찬과 격려의 말을 더 많이 하며, 휴가라도 다녀오면 동료들이 수고했다고 모닝커피 한잔 돌린다.

반면에 칭찬보다 욕을 더 많이 먹는 엄 대리가 있다. 다른 직원들과 비교해 업무 지식이 크게 뒤지고 불만 또한 많다. 힘든 일이 있으면 머리 돌려 못 본 척하고, 남들의 단점을 잘 지적하면서 흉도 자주 본다. 옆자리 동료가 싫어할 정도이다.

같은 환경에서 거의 비슷한 일을 하면서도 김 과장과 엄 대리가 보여주는 행태가 너무나 극명하다. 이러한 각자의 태도가 오늘은 안녕하게 넘어가는 듯해도 매일매일 정확하게 쌓여 누적 평판이 되고, 그 평판은 한 치의 오차도 없이 자신의 인사평가에 고스란히 반영되어 결정적인 순간에 한 방의 결정타를 날린다.

본인에 대한 인사를 누가 하는가? 인사부 혹은 총무부? 아니다. 본인이다. 본인의 인사는 평상시에 저축해둔 본인의 평판에 따라 이루어진다. 주무 부서는 인사시스템이라는 틀에 수집된 평판을 끼워 맞추는 게 주된 업무일지도 모른다. 결국 본인에 대한 평판이 본인의 인사에 상당 부분 반영되어 본인의 인사는 본인이 하는 것이나 다름없다.

손익계산서는 1년 단위로 성과가 나오고 해가 바뀌면 날아간다. 재무상태표는 회계연도와 상관없이 계속 축적되고 서서히 변동한다. 개인의 평판 역시 재무상태표와 같아 순간순간 잘한다고 해서 큰 변화를 일으키기 어려운 까닭에 일상 속의 평판 관리가 무엇보다 주요하다고 볼 수 있다.

평판이란 사회생활을 하면서 통상적으로 나타나는 그 사람 전체에 대한 세평을 말하는 것으로 주로 외모, 능력, 태도라는 세 가지 요소에 의해서 결정된다. 이들 중 키워드는 평판의 중심인 태도Attitude이다.

🧑 P의 생각: 윗사람의 관점에서 생각하고 일하라.

"박 차장, 승진하려면 얼마나 남았지? 어렵겠지만, 팀장이라 생각하고 일해봐. 그러면 일하는 재미도 있고 좋은 기회도 많이 생길 거야." 직원들한테 자신보다 한 단계 위에 있는 상사처럼 생각하고 일하라는 말을 가끔 했다. 물론 본인의 고유 업무를 주어진 시간 내에 해내는 것 자체가 절대 만만치 않다는 것을 경험상으로 잘 알고 있다.

상사의 관점에서 일해보라는 것은 승진만을 노리고 계획적으로 행동하라는 말이 아니다. 상사 역시 선의를 가장하여 성과를 올리려는 시도가 아니다. 더 큰 관점에서 생각하고 일하게 되어 능동적이고도 즐거운 직장생활이 가능하다는 점이 중요하다. 조만간 자신이 해내야 할 일을 미리 경험함으로써 마음가짐이 새로워지고, 상사들의 고충이 어느 정도 이해가 되면서 발전적 가치관도 형성할 수 있다.

차장은 팀장, 팀장은 지점장이라 생각하고 일하면 상위 직책에 대한 역량이 빨리 쌓인다는 장점도 있다. 또한 동료들의 평판도 덩달아 좋아져 그 직원이 승진해도 제 역할을 충분히 해낼 수 있다는 점을 잘 홍보해주고, 상사 역시 그런 직원에게 쏠리는 눈길을 멈출 수가 없다.

직장인 최고의 선물은 승진이라고 해도 과언이 아니다. 특히나 제때 승진해야 자존감을 살리고, 숨겨진 역량도 마음껏 발휘할 수 있는데 여러 후보 중에서 한 단계 위를 생각하며 일하는 직원은 마땅히 후한 점수를 받아 1순위 승진 대상자로 낙점된다. 동일 직급의 직원들보다 더 많이 생각하고 더 열심히 일하고 주변의 평판이 좋아서이다.

'가장 무능력한 직원이 회사에 가장 작은 타격을 입히고 결국은 가장 먼저 승진한다.'는 게 딜버트의 법칙이다. 무능력이 능력이라니 듣기가 참 거북스러운 말이지만, 주변에서 흔히 볼 있는 현상이다.

다양한 필터링을 통해 인사 검증을 철저히 했음에도 어쩌다 함량 미달 직원이 진급하여 조직에서 요구하는 역할을 올바로 수행하지 못하는 경우가 있다. 이에 따른 불이익과 불편함은 고스란히 구성원들의 몫이며, 그 직원의 잘못된 행동과 판단으로 인해 예상치 못한 큰 손실을 초래할 수도 있다.

직급이 높을수록 늘어난 권한만큼 리스크의 규모가 커지고 횟수도 많아지기 마련이다. 따라서 어느 조직이든 그 위험을 최소화하기 위해 인사 검증을 철저히 한다. 이런 와중에 한 단계 위 상사처럼 일하는 직원은 인사 검증의 좋은 표적이 된다. 지금보다 한 단계 높은 직책을 의식하며 일하는 직원이 그렇지 않은 직원보다 승진이나 좋은 기회를 빨리 잡는 것은 자연스러운 현상이다.

말 기술

👤 P의 생각: 원하는 게 있으면 말을 해야 한다.

사내에 E-MBA 과정이 신설되었다. 금요일 저녁과 주말에 공부하는 프로그램으로 평소에 공부를 더 하고 싶었던 나는 기쁜 마음으로 환영했다. 기쁨도 잠시, 응시 자격이 팀장급 이상으로 차장인 나는 자격 미달이었다. 담당 부서에 앞으로의 일정을 알아보니 이듬해부터는 차장도 포함될 것이라는 답변이었다.

이때부터 나는 그 과정에 대해 지대한 관심을 드러냈다. 해가 바뀌고 2기 모집공고가 게시되었으나 이 역시 부서 내 다른 팀장이 합격하면서 자동 탈락했다. 실망하지 않았다. 기회가 또 올 것이라 믿었다. 부장의 추천을 받아 E-MBA를 공부하고 있는 팀장에게, 옆에 있는 동료에게, 인력개발부 담당자에게 이것저것 물어보면서 나도 꼭 해보고 싶다는 간절함을 수시로 표현했다.

드디어 3기 모집공고가 떴고 이번에야말로 진짜 내 차례라는 생각이었다. 아뿔싸! 신의 장난인가 나보다 선임인 직원도 응시한다는 소문이 돌았다. 지난 2년의 꿈이 또 깨질지 모른다는 생각에 도대체 잠이 오질 않았다.

그런데 의외의 결과가 나왔다. 부서 내 선임 순으로 돌아가는 관례를 깨고 내가 선발되었다. 데면데면한 사이라고 여겼던 부장이 나를 강력하게 추천했다는 사실을 졸업 즈음에 담당 팀장이 알려줬다. 그 이유는 2년 전부터 마르고 닳도록 얘기를 해왔고, 대학원 공부를 열망하는 직원이 있는데 아무리 선임이라고 해도 그동안 잠자코 있다가 지금에 와서 말하는 그 사람을 어떻게 추천할 수 있겠느냐고 했단다. 덕분에 약 1년 정도의 과정을 무사히 마치고 학위를 취득했다.

원하는 것을 말하고 또 말해 절호의 기회를 잡았다. 어렵게 잡은 기회를 잘 살리기 위해 업무에 공백이 생기지 않도록 본연의 일에 최선을 다했고, 면접 때 약속한 내용이 공언으로 끝나지 않도록 공부 또한 열심히 했다. 체면 때문에, 쑥스러워서, 귀찮아서 말하지 않으면 아무것도 얻을 수 없다는 사실을 깨닫게 만든 직장살이 교훈이다.

누군가의 집에 갔을 때 벨을 눌러야 문을 열어준다. 가만히 있으면 집주인은 문밖에 누가 왔는지 알 수가 없다. 두드려야, 초인종을 눌러야 문이 열린다. 용기 내서 문을 두드리면 문 안에 있는 주인이 '어서 오세요. 그렇지 않아도 기다리고 있었습니다.'라고 하면서 반갑게 맞이해 줄 것이다.

원하는 게 있으면 말하고 또 말해야 한다. 말한다고 무조건 다 들어주는 건 아니지만, 말하지 않으면 그 또한 아무도 모른다. 거절당하면 뭐 어떤가. 말하지 않으면 어차피 안 되는 일이다. 원하는 것이 있으면 에둘러 하지 말고 직설적으로 말해야 한다. 그것도 다른 사람이 아니라 본인이 직접 얘기해야 말의 뜻이 정확히 전달되고, 비밀도 오래 간직할 수 있다. 승진 때가 되었으면 승진하고 싶다고, 대출업무에 관심이 있다면 그 일을 해보고 싶다고, 결혼기념일이라 오늘 부서 회식에 참석할 수 없다고 분명히 말한다.

다들 좋은 사람들이라 말하지 않아도 알아서 해주겠지. 후고구려를 건국한 궁예가 살아있는 미륵이라 자처하면서 사람의 마음을 꿰뚫어봤다는 관심법을 일반 사람이 가지고 있을 리 만무하다. 그리고 누구나 남이 아니라 자기가 우선이어서 남의 일에 깊은 관심을 두거나 신경을 쓰기도 어렵다. 쓴다고 해도 젖 먹던 힘까지 내지 않아 약발이 크게 떨어진다.

원하는 게 있으면 말을 해야 뭐라도 얻어낼 수 있다. 원하는 걸 말한다는 것은 그 일을 적극적으로 해보겠다는 의지의 표현이다. 그런 만큼 열정적으로 임하게 되어 있고, 결과에 대해서도 기꺼이 책임을 지려고 한다.

👤 P의 생각: 항상 결론부터 말한다.

우리는 학교에서 기-승-전-결 방식이나 서론-본론-결론이라는 삼단논법 형태로 논리적 사고를 배웠다. 이와 같은 학습효과로 대다수가 자기주장이나 결론을 항상 마지막에 제시하는 버릇이 있다. 하지만 바삐 돌아가는 일상이 그러한 논법을 수용하지 않으려고 한다. 물건을 파는 사람도 물건을 사는 사람도, 말을 하는 사람도 말을 듣는 사람도, 보고하는 사람도 보고받는 사람도 바쁘기만 하다.

시간이 돈이라도 되는 양 모두가 분주하게 움직이는 세상이다. 본론만 듣고 있을 만큼 한가한 사람이 그다지 많지 않다는 얘기다. 시간이 부족한 상황에서는 결론부터 먼저 꺼내야 그나마 중요한 얘기를 조금이라도 더 할 수 있고, 그에 대한 상대방의 반응을 어느 정도 기대할 수 있다. 결론부터 말하는 두괄식 표현을 몸에 익혀야 한다. 이는 시간을 버는 일이고 상대를 배려하는 일이기도 하다.

① 보고할 때, 될 수 있으면 결론을 먼저 꺼낸다.

결론이 뒤로 가게 되면 보고내용을 끝까지 다 들어봐야 비로소 보고자의 의중을 파악할 수 있다. 듣는 중간에 상황을 판단하거나 의견을 내기도 어렵다. 성격 급한 어떤 상사는 본론이 좀 길어진다 싶으면 "미안하지만 지금 시간이 없어서 그러는데 결론이 뭐죠?, 알았으니까 결론부터 봅시다."라는 말로 상대방의 결론을 다그치기도 한다.

그런데도 보고자들은 서론부터 충분히 설명한 다음 결론을 얘기해야 상대가 더욱 잘 이해할 것으로 짐작한다. 보고받는 사람 대부분은 서론을 상쇄할 만큼의 정보와 다양한 경험이 있다. 결론만 듣고도 전체적인 상황을 거의 다 파악하고는 보고자에게 핵심 사항 몇 가지만 물어보고 끝내는 리더가 많은 이유다.

② 부탁을 거절할 때, 명료하게 결론부터 말해준다.

상대를 배려하는 마음에서 결론을 미룬 채 거절할 수밖에 없는 이유를 빙빙 돌려 말하는 사람이 많다. 이때 변명 아닌 변명을 늘어놓다가 말이 끊기기 일쑤이고, 그 공백을 채우려다 또 엉뚱한 말이 불쑥 튀어나온다.

처해 있는 상황이 난처해도 일단 결론부터 얘기한다. 그러면 상대방은 나름대로 이야기 흐름을 판단하면서 자기 생각과 다르면 왜 그런지에 집중하고, 같으면 무엇이 어떻게 같은지를 정리하며 듣는다. 이와는 반대로 막바지에 가서 거절하는 경우 생각이 같으면 그나마 다행이지만, 예상과 다르면 부탁한 사람이 크게 실망한다. 설명이 길어져 좋은 결과가 나오게 거니 하며 잔뜩 기대했는데 자신이 부탁했던 내용과 정반대로 끝나서이다.

더군다나 상대가 중간 얘기를 충분히 알아듣지 못해 말의 본질과 다르게 이해하고 있는 것 같아도 설득에 필요한 자원을 이미 다 써버렸기 때문에 이해를 시킬만한 별다른 수단이 없다. 결국 상대에게 뜻하지 않은 오해를 가져다주는 꼴인데 결론을 먼저 말하면 이런 사태가 발생하지 않는다.

거절할 때는 명료하게 해야 한다. 그것도 **빠를수록 좋다.** 고민해보겠다고 하면서 시간을 끌다가 막바지에 거절하는 경우 '이 사람이 나를 위해 심사숙고했구나.'라고 생각하지 않는다. 오히려 '안 되면 안 된다고 진작에 얘기해줄 것이지 사람 애간장 다 태워놓고 지금에 와서 안 된다고 하면 나는 어떡하냐.'며 화낼 가능성이 크다. 거절은 상대방을 부정하는 게 아니다. 자신이 어디까지 할 수 있는지를 알려주는 배려이자 용기이다.

③ 부정적인 얘기일수록 결론부터 말하는 게 좋다.

좋은 말이든 안 좋은 말이든 결론을 먼저 제시해야 상대방이 느끼는 기대감이나 실망감을 줄여주는 효과가 있다. 특히 부정적인 사안일수록 결론부터 말하는 게 좋다. 실망감을 대폭 줄여놓은 상태에서 왜 그럴 수밖에 없었는지를 차분히 전달하면 대다수가 평상심을 유지한다. 그리고 결론을 해명하는 과정에서 상대방이 스스로 이해해주거나 아니면 반응에 따라 설득의 방법을 달리할 수 있는 여유도 생긴다.

👤 P의 생각: 직장에서 이런 말은 삼가야 한다.

　흔한 얘기 중에 '아' 다르고 '어' 다르다는 말이 있다. 말하는 사람이 특별한 의미를 두지 않고 한 말이어도 듣는 사람의 관점에서는 다르게 받아들일 수 있음이다. 직장인들의 경우 말 한마디 한마디가 직장생활에 큰 영향을 미친다. 조심해야 할 말이 많으나 되도록 하지 말아야 할 말, 그중에서 상사가 듣기 싫어하는 말은 삼가야 한다.

　① "○○잖아요."
　어떠한 일에 대해 기억이 나지 않아 상사가 되물었을 때 직원이 "어제 보고드렸잖아요."라고 한다. '어제 다 끝난 일을 오늘 왜 또 물어보는 거야.'라는 불만이 가득한 말투로 들린다. 질문한 사람은 당연히 기분이 언짢아진다. "이미 보고드렸잖아요."도 마찬가지다. '보고가 다 된 일인데 왜 물어보는 거죠, 이미 지나간 일인데 지금 왜 고치려고 하는 거죠.'라고 따지듯 반문하는 말버릇이다. "○○잖아요."는 핑계와 원망이 가득한 말투로서 자신은 더 이상의 책임이 없다는 책임 회피성 발언으로 이해된다.

　② "마음대로 하세요."
　"정 팀장, 내일 김 회장님과 저녁 약속 알고 있죠? 손 팀장도 같이 가자고 하면 어떨까?"

"어차피 지점장님이 잡은 약속이니까 마음대로 하세요."

이렇게 대답하면 함께 가도 괜찮은 건지, 아니면 싫다는 건지 도대체 감을 잡을 수 없다. 아마도 상사의 생각을 극도로 존중하려는 선한 의견이라 믿고 싶다. 만약 마음대로 하라고 해서 같이 갔는데 현장 분위기가 아니다 싶으면 생각할수록 묘한 기분이 들 것이다.

일에 대한 의사를 결정할 때도 그렇다. "저는 제 의견을 충분히 말씀드렸으니 결정은 지점장님 마음대로 하세요."라고 한다. '나는 할 만큼 다 해서 더는 할 말이 없으니 나머지는 상사인 당신이 알아서 잘하라는 뜻'으로 들린다. 때에 따라서는 극단의 반대의견으로 해석되기도 한다.

③ "그렇다고 하던데요."

본인한테 본인의 일에 대해 질문했는데 남의 일 얘기하듯 지나가는 식으로 답변하면 그 사람의 말을 어찌 믿을 수 있겠는가. 부장이 팀장한테 "기안문서 이사님께 보고했나?"라고 물었다. "비서가 보고했다고 하던데요."라고 팀장이 답변한다. 그러면 부장은 무슨 생각이 들까? 보고를 했다는 것인지, 결과에 만족은 했는지, 보고했으면 또 다른 지시는 없었는지가 궁금해지고 확답을 듣지 못한 부장은 별의별 생각이 다 들 것이다.

자기 일인데 남의 일처럼 전달 식으로 말하는 태도는 열의가 없어 보이고 신뢰하기 어려운 직원으로 인식된다. '그렇습니다, 오전에 보고했습니다.'와 같이 분명하고도 공손한 말투로 답변하는 습관을 들여야 신뢰받을 수 있다.

권장할 만한 말 기술이다. 숫자를 이용하는 것이다. 대화할때 상대방이 한꺼번에 많은 말을 늘어놓으면 도대체 무슨 말인지 모르는 때가 있다. 이런 경우 메시지에 숫자를 붙여가며 말하면 내용이 분명해지고, 생각도 반듯하게 정리할 수 있다. 그뿐만 아니라 상대에게는 이해력과 기억력을 높여줄 수 있어 말하는 사람이나 듣는 사람 모두에게 유익하다.

숫자를 인용할 때는 아무리 많아도 3가지가 좋다. 너무 많으면 기억하기 어렵고 강조하는 의미도 퇴색된다. 가령 회사의 강점과 약점에 대해 보고한다고 치자. 좋은 회사라 강점이 넘쳐나도 압축해서 세 개로 줄이고, 약점이 거의 없어도 드러나지 않은 빈틈을 찾아내 세 개로 보충하는 게 보기도 좋고 설득력도 강해진다.

보고서도 숫자가 들어가면 그 윤곽이 한눈에 쏙 들어온다. 주요 내용을 숫자에 따라 물 흐르듯 배치할 수 있어 전체적인 모양새가 굉장히 세련되게 보인다. 보고자는 주요 항목을 빠짐없이 보고할 수 있고, 보고받는 사람도 이해가 빠르고 기억하기도 쉽다.

👤 P의 생각: 칭찬을 하려면 제대로 한다.

　미생물학을 공부하기 위해 미국으로 유학을 다녀온 어느 대학교수의 이야기다. 영어를 잘하기 위해 방과 후 밤이 새도록 공부했음에도 실력이 늘지 않아 강의를 따라가기가 역부족이었다고 한다. 수업을 듣기 시작한 지 3개월 정도 지난 후 오지 말아야 할 시간이 오고야 말았다. 그동안 공부한 내용을 10분에 걸쳐 영어로 발표하라는 것이다.

　그는 고민 끝에 3분 이내에 끝내기로 마음먹고 발표할 문장을 만들어 달달 외웠다. 주제와는 달리 인사말과 자기소개만 하고 아직 영어가 서투르니 질문을 일절 받지 않겠다는 내용이었다. 외운 문장을 까먹지 않고 가까스로 발표한 뒤 도망치듯 빠른 걸음으로 강단을 내려와 제자리로 돌아왔다.

　다음날 담당 교수가 불러 연구실로 갔다.

　"자네 미국에 온 지 얼마나 되었나?"

　"3개월 정도 됐습니다."

　"고작 3개월인데 자네는 영어를 참 잘하는 편이군. 내 손자는 미국에 온 지 3년이 넘었는데 아직도 영어가 형편없네. 지금의 실력이라면 내 강의를 충분히 들을 수 있다네."

　이 말을 들은 교수는 기뻤다기보다 어리둥절했다고 한다. 회화 실력이 뒤진다는 걸 누구보다 자신이 잘 알고 있는데 담당 교수가 용기를 주고자 일부러 그렇게 말해서이다.

그는 부끄러운 칭찬이 선의의 거짓말임을 알면서도 한편으로는 나도 해낼 수 있겠다는 자신감을 얻는 계기가 되었고, '자네는 영어를 잘하는 편'이라는 칭찬 한마디가 자신을 오늘 이 자리에 설 수 있게끔 해주었다고 한다. 그러면서 아직도 영롱하게 들려오는 그 말을 잊을 수가 없고, 자신도 칭찬을 아끼지 않는다고 강조했다. 이처럼 무심코 던진 칭찬 한마디가 누군가에게 평생의 힘이 되고 자신감의 원천이 된다.

칭찬은 만병통치약으로 칭찬하면 안 되는 게 없고, 뻔한 칭찬도 듣다 보면 기분이 좋아진다. 그러나 누군가를 칭찬하는 일이 생각만큼 쉽지 않다. 어느 때는 이런 일까지 칭찬해줘야 하느냐는 의구심이 들기도 한다. 그래도 오랜만에 칭찬받는 사람에게는 어느 대학교수의 경우처럼 그 당시 그 일이 그 사람의 최고였는지도 모를 일이다.

중요한 점은 무심결에 하는 칭찬이 칭찬받는 사람도 잘 몰랐던 자신만의 강점이 있었음을 일깨워주고, 나아가 미래에 그 강점을 확장하도록 용기를 준다는 사실이다. 게다가 칭찬은 행복마저 불러오는 힘이 있어서 칭찬받는 사람뿐 아니라 칭찬하는 사람 모두를 행복하게 만든다. 자주 할수록 가속도가 붙는 칭찬에 정해진 규칙은 없으나 기왕이면 제대로 하는 게 좋을 일이다.

① 발견 즉시 현장에서 구체적으로 칭찬한다.

칭찬할 일이 발생하면 그 자리에서 바로 하는 게 좋다. 타이밍을 놓치면 칭찬 효과가 반감되고 더 늦으면 안 하느니보다 못하다. 그리고 막연하게 하지 말고 정확한 근거와 이바지한 내용을 구체적으로 짚어주어야 칭찬받는 사람의 기분이 좋아진다.

'잘했어, 훌륭해, 수고 많았어.'와 같은 단순 칭찬은 의례적인 말치레로밖에 들리지 않는다.

"자네가 제시한 대안이 다른 사람을 잘 설득시켰네."

"내가 놓쳤던 부분을 꼼꼼히 챙겨줘서 무사히 마쳤네."

이처럼 구체적인 메시지가 담겨 있어야 진정성이 느껴지고, 자신이 한 일을 제대로 인정받았다고 생각한다.

② 다양한 방법으로 칭찬한다.

칭찬은 입으로만 하는 게 아니다. 가끔은 문자 메시지로, 어느 때는 손편지나 전화로도 칭찬한다. 레퍼토리가 다양하면 얘깃거리가 풍성해지듯이 상황에 따라 칭찬의 방법을 달리하면 효과도 그만큼 커지고, 주변의 사람들도 진심이 담긴 칭찬이라는 것을 체감할 수 있게 된다.

'김 과장, 우리 부서가 그룹에서 1등을 했네. 자네가 고생해서 만든 마케팅 전략 덕분이지. 정말 고맙고 자랑스럽네.'라는 메모지를 써서 김 과장의 책상 위에 놓는다. 이를 본 김 과장은 온종일 기분 좋은 상태로 일하게 될 것이고, 우연히 그 쪽지를 본 다른 직원들도 '와' 하며 감탄할 것이다.

③ 결과보다 과정, 능력보다 노력을 칭찬한다.

모든 일이 연속으로 이루어지는 상황에서 결과만 중요시한다면 과정은 모르겠고 오로지 최종만을 추종하는 무서운 세상이 될 것이다. 칭찬 역시 결과만을 언급한다면 잘하는 사람은 자만심에 빠져 거만하게 되고, 못하는 사람은 주눅이 들어 다시 도전할 용기가 생기지 않는다.

"어려운 일도 많았고, 시간도 없었는데 그렇게 고민하며 열심히 하더니 진짜로 해냈구나." 이처럼 중간의 과정과 노력을 구체적으로 언급해주어야 자신이 진정으로 듣고 싶어 했던 말, 즉 그간의 고생을 알아주는 것 같아 감동이 더욱 커진다. 결과만이 아니라 그런 결과가 나오기까지의 과정이 진정한 칭찬의 대상인 것이다.

마지막으로 당사자에게 직접 하는 칭찬보다 제삼자에게 하는 칭찬의 파급력이 훨씬 더 크다. 한 다리 걸쳐 다른 사람을 통해 간접적으로 듣는 칭찬은 인정받고 싶은 욕구와 자랑하고 싶은 욕구 두 가지를 동시에 충족시켜주기 때문이다. 시간이 흘러 한참 후에 듣더라도 칭찬 효과가 발휘된다.

시간의 재발견

👤 P의 생각: 모든 것에는 다 때가 있다.

나름은 열심히 공부하여 2022년 경영지도사 시험에 응시했다. 최종결과는 2차 시험에서 낙방했는데 실망보다는 '다 때가 있구나.'를 절감하는 기회였다. 실전을 통해 시간의 소중함을 재발견하게 된 것이다.

그런 생각이 든 이유는 이렇다. 의욕과는 달리 기억력과 체력이 예전과 사뭇 달랐다. 우선 기억 기능이 제대로 작동하지 않았다. 스터디 카페에서 몇 시간 동안 머리를 싸매고 공부했으나 돌아서면 까먹고, 기억이 난다 해도 그 분량이 얼마 되지 않아 시간 투자 대비 효율성이 너무 저조했다.

체력 또한 문제였다. 집중도를 높이기 위해 휴가를 내서 공부에 전념했으나 이게 맘대로 되는 게 아니었다. 오전만 지나면 체력이 저하되면서 집중력까지 떨어져 애초에 계획한 진도를 도저히 맞출 수가 없었다. 하루 8시간 정도 공부한다고 치면 실질적인 공부는 절반 정도인 4시간만 하는 꼴이었다.

시간은 가고 불안한 생각에 계속해서 다그쳐보지만, 능률 없는 결과에 지쳐가는 나를 푸념하는 데 그쳤다.

사람은 살면서 어느 누구나 시간과 기회가 주어진다. 그런데 모든 일에는 다 때라는 게 있어서 타이밍을 놓치면 효과가 반감되거나 잘 안 되는 경우가 많다. 공부는 물론이고 일하는 것에도 때가 있다. 남을 칭찬할 때도, 남에게 부탁할 때도, 남의 부탁을 거절할 때도 타이밍이 중요하다. 가는 세월 잡을 수야 없다손치더라도 때마저 놓쳐서는 자기 주도적인 삶을 살아가기 어렵다. 세월은 어찌나 빠른지 쏜살같이 휙 지나가는 게 인생이다.

신이 인간에게 내린 공평한 것 중의 하나가 누구에게나 똑같이 하루 24시간을 나눠준 일이다. 이처럼 모든 사람이 균등하게 쓸 수 있는 시간임에도 어떤 이는 인생이 너무 즐거워 하루를 길게 쓰고, 어떤 이는 헛된 동작을 반복하며 별 소득 없이 보낸다. 누군가에게는 새로운 하루의 시작이고, 누군가에게는 어제의 연장에 불과한 것이다.

시간을 어떻게 쓰느냐는 돈을 쓰는 것만큼이나 중요하다. 건강수명이 늘어나면서 시간 관리의 필요성도 커짐에 따라 존재감 있는 노후를 맞이하기 위해서는 재테크에 목숨 걸듯 시테크에도 많은 관심을 가져야 한다. 시간이 모든 사람에게 평등하게 배분되었다 하더라도 이를 능동형으로 만들어 시간을 지배하는 사람이 있는가 하면 이와는 반대로 매일 바쁘다는 핑계를 들이대며 시간에 지배당하는 수동형 사람이 있다.

시간 능동형 사람은 하루, 일주일, 한 달, 일 년의 계획표를 환경에 맞도록 치밀하게 구성하고 세부적인 전략을 만들어 자신이 원하는 곳에 원하는 만큼의 시간을 분배한다. 대인 관계나 행동에서도 맺고 끊음을 분명히 하여 쓸데없는 일에 시간을 낭비하지 않으며, 무슨 일이든 완벽해질 때까지 기다리지 않고 어느 정도 되었다 싶으면 즉시 실행에 옮겨 시간을 번다.

한편으로는 시간이 귀하다는 사실을 잘 인지하고 있지만, 일에 빠져 퇴근 시간마저 잊는 그런 워커홀릭이 아니다. 일한 만큼 자기 보상이 필요하고 그 효과도 잘 알고 있어 자기만의 루틴에 따라 망중한의 휴식을 즐긴다.

시간을 잘게 쓰면서도 하루 24시간도 부족하다는 사람들이 있다. 촘촘하게 짜여진 계획으로 인해 시간을 쪼개 써야 함은 물론이고, 하고 싶은 일은 많은데 계획표를 만들고 보니 그 일을 해낼 시간이 모자라기 일쑤다. 철저한 계획에 따라 행동하는 탓에 24시간이 부족한 것이다.

반면에 수동적으로 시간에 끌려다니는 사람이 적지 않다. 이런 사람 대부분은 특별한 계획이 없어 시간에 몸을 맡긴 상태에서 빈둥빈둥하다 저녁을 맞이한다. 남는 게 시간인지라

계획을 세우지 않은 것이 주요 원인인데 백수이면서 하는 일 없이 바쁘다고 하는 사람이 대표적이다. 이들은 뭔가를 할 때 무질서한 계획으로 임하다 시간에 쫓겨 허둥지둥 바쁜 것이지 중요한 일을 하느라 그런 게 아니다.

시간이 부족하다는 사람들의 부정적 특징은 즉각적인 만족을 주는 사소한 일에 매달려 정작 시간이 오래 걸리는 중요한 일을 제때 해내지 못한다. 하는 일이 불가능해 보일 때는 과감하게 포기하고, 도움이 되는 다른 일을 찾아야 하는데 포기에 따른 아쉬움을 버리지 못한 채 아까운 시간만 허비한다.

그러면서도 시간은 왜 이렇게 빨리 가느냐고 푸념한다. 우리가 젊은 시절을 더 잘 기억하고, 또 그 순간이 길게 느껴지는 이유는 처음으로 겪는 일이 많기 때문이다. 그 새로움이 시간이 천천히 가는 것처럼 느끼게 만드는데 나이가 들수록 삶이 지루해지고 참신함이 떨어지기 때문에 시간이 빨리 간다고 감촉되는 것이다.

세월이 흐를수록 일상에도 큰 변화가 없어 어제가 오늘이고 오늘이 내일이다. 시간이 빠를 수밖에 없는 이유다. 시간이 많을수록, 변화가 없을수록 활동 커리큘럼을 만들고 그에 따라 새로우면서도 참신한 것을 찾아 나서는 노력이 중요하다. 길게는 아니더라도 하루하루를 어떻게 보내는가에 따라 인생의 판도가 달라진다.

♟ P의 생각: 하루 한 시간이 인생의 판도를 바꿀 수 있다.

하루 24시간 중 이것저것 빼고 의지만 있다면 하루 1시간 정도는 대부분이 벌 수 있고, 이 시간만큼은 누구의 허락도 필요 없이 자기 맘대로 자신이 하고 싶은 일을 할 수 있다. 삶의 질을 업그레이드할 기회다. 안타까운 사실은 직장인 대다수가 자신에게 주어진 자유시간을 잘 인식하지 못하고, 또 그 시간이 얼마나 소중한지도 모르는 상태에서 하루 1시간 이상을 허투루 보내고 있다는 점이다.

일단 자신을 위해 하루에 최소한 한 시간만이라도 확보하고, 그 시간에 집중할 수 있는 일들을 찾아내 실행에 옮긴다. 기대했던 것보다 큰 만족감을 얻게 될 것이다. 만약 시간 확보가 여의치 않을 때는 하고 싶은 일을 정한 후 그에 따라 시간을 뽑아내는 것도 방법이다. 업무와 관련된 혹은 미래를 대비한 자격증 취득에 목표를 두고 시간을 내서 도서관으로 향하든지 아니면 집에서 공부해본다.

이처럼 퇴근 후 한 시간만 자신이 원하는 일에 투입한다면 일과 삶의 조화를 이루는 건 물론이고 5년, 10년 후 자신의 인생 판도가 달라질 것이다. 어떤 일을 꾸준히 하면 그에 따른 성과가 나오기 때문이다. 대수롭지 않아 보이는 하루 한 시간이 유발하는 긍정적인 효과를 세 가지로 정리한다.

① **힐링 타임이 된다.**

아무리 좋아하는 일을 하더라도 엘리베이터처럼 정해진 틀에서 오르락내리락하는 일상이 늘 보람되고 즐거운 것은 아니다. 일에 치이고 지쳐가는 자신에게 필요한 것은 새로운 변화와 시간의 여유다. 직장 일에서, 집안일에서 벗어나 자유를 찾아야 한다.

충분하진 않아도 하루 한 시간이 대안이 될 수 있다. 이 한 시간만큼은 자신이 주도권을 움켜쥔 상태에서 영화를 봐도 좋고, 뜨개질해도 괜찮고, 책을 읽어도 되고, 우두커니 앉아넋 놓아도 문제 될 게 없다.

작고 사소해 보여도 스스로 계획한 일을 하고 나면 자신이 의도한 대로 했다는 자부심에 만족감까지 더해져 마음이 편안해지면서 예전에 없던 에너지까지 얻을 수 있다. 목적을 정하고 관심 있는 일을 할 때는 하루 한 시간이 더없이 소중하게 느껴진다.

② **자존감을 높여준다.**

퇴근 후 원했던 글을 자유롭게 쓸 수 있었던 하루 한 시간이 내게 큰 위안이 되었다. 남들이 알지도 못하고 알아주지도 않는 일이었으나 다른 사람이 노는 시간에 나는 뭔가 한다는 자부심이 대단했다. 심지어 직장이나 가족에 의지하지 않아도 나의 힘으로 자립할 수 있겠다는 건방진 생각까지 들었다.

하루 한 시간에 불과해도 자신이 원하는 일을 하고 있고, 미래에 무엇을 하기 위해 준비한다 생각하면 자존감과 자신감이 저절로 올라간다. 직장 일 이외에 자신의 미래가치 영역을 확장하려는 노력이라 피곤한 줄도 모른다. 자존감이 높은 사람은 자기 자신을 소중히 여기는 만큼 회사의 일이나 가정사도 소중히 여겨 더 좋은 결과를 얻는다.

③ 새로운 인생을 살도록 해준다.

가령 평일에 하루 1시간만 확보하면 일주일에 5시간, 1년이면 260시간, 30년이면 7,800시간으로 총 325일이나 된다. 이 시간에 부동산 공부를 한다면 자격증을 딸 정도는 되고, 외국어를 배운다면 해외여행 때 간단한 회화도 가능하다. 꾸준히 운동한다면 몸짱으로 변신할 수도 있다. 짧은 시간을 투자하여 생각보다 큰 결과를 얻게 되면서 자신의 인생에도 적잖은 변화를 몰고 온다.

매일같이 바쁜 게 직장인이라고 운신의 폭을 스스로 좁히면서 다람쥐 쳇바퀴 돌 듯 오늘을 어제의 기분으로 살지 말자. 하루 한 시간짜리 목표를 통해 또 다른 나의 모습을 찾아보자. 고작 하루에 한 시간이라고 우습게 볼 게 아니다.

집중

👤 P의 생각: 나만의 장점에 집중해야 성공한다.

영국의 한 초등학교에 8살 여자아이가 있었다. 갓 입학한 그 소녀는 한시도 가만히 있지 않고 수업 시간마다 안절부절 못하며 심각한 정서 불안을 보였다. 담임 교사가 야단도 치고 얼러도 보았지만, 하나도 고쳐지지 않고 항상 골칫거리였는데 알고 보니 이른바 산만 증후군ADHD이 심한 아이였다.

급기야 담임 교사는 이 아이를 더는 가르칠 수 없으니 특수학교에 보내야 한다는 내용을 부모에게 보냈고, 가슴이 철렁 내려앉은 부모는 그 아이를 데리고 병원에 갔다. 그들을 맞이한 의사는 소녀와 대화를 나눈 후 라디오를 켜둔 방에 그 소녀를 홀로 남겨둔 채 나와서 어머니와 함께 복도 창문을 통해 그녀의 행동을 지켜봤다.

그때 상상도 못 할 놀라운 일이 벌어졌다. 라디오에서 음악이 흘러나오자 소녀는 온 방을 신나게 돌며 발을 구르면서 너무나도 춤을 잘 추는 것이었다. 의사는 조심스럽게 말했다.

"이 아이는 춤에 타고난 재능이 있습니다. 가만히 앉아 있게 하는 것이 이 아이에게 더 큰 고통입니다."

20세기 가장 위대한 발레리나이자 안무가로 추앙받는 질리언 린에 관한 이야기다. 단점만 보면 문제아로 전락할 뻔한, 단점을 고치려고 했으면 더 악화하였을지도 모를 일이었으나 이를 고집하지 않고 장점을 찾아내 집중한 결과가 그녀를 세기의 발레리나로 만들었다.

그동안 우리는 잘못되고 모자라는 점에 주목하면서 단점을 극복해야 성공할 수 있다고 배워왔다. 배운 대로 단점을 극복하여 성공하고 싶어도 그렇게 되기 어려운 이유는 노력이 부족한 탓도 있지만, 애초부터 잘할 수 있는 인자가 없기 때문이기도 하다. 미흡하다고 생각되는 부분에서 실력을 발휘하지 못하는 게 이상이 아닌데도 드러난 단점을 극복해보려고 발버둥만 치다가 결국은 아무런 성과 없이 중단하는 경우가 허다하다.

이럴 때 실패는 늘 있는 일이라며 자위할 게 아니다. 노력이 부족해서인지 아니면 원래 못하는 것인지를 엄밀하게 분석하여 따져볼 필요가 있다. 의지적인 노력 부족이라면 전보다 더 열심히 하면 된다. DNA 자체에 재능이 없거나 적성에 맞지 않는 경우라면 얘기가 다르다. 길치인 사람은 방향감각이 무뎌 길을 잘 모르고, 자주 가는 장소임에도 길에 대한 기억력이 약하다. 개선의 기미도 보이지 않는다.

단점을 극복하는 작업은 일단 시간이 오래 걸리고, 장점보다 에너지가 두 배 이상 더 들어야 한다. 설령 극복한 것 같아도 그 지속성을 장담하기 어렵다. 어느 정도 고쳐졌나 싶었는데 그 단점이 자신도 모르게 불쑥 튀어나올 때 실감이 난다.

오히려 과감하게 포기할 줄도 알아야 한다. 단점을 보완하겠다고 힘쓰며 아까운 시간만 허비하느니 도저히 안 되는 일은 용기를 내 깨끗이 접고, 나만의 장점에 에너지와 역량을 집중해야 한다. 집중은 통찰을 불러와서 일 다루는 요령을 스스로 터득할 수 있도록 돕고, 정신세계를 맑게 해준다.

사람의 생김새가 제각각이듯 타고난 재능이 각자 다르고, 아직 발견하지 못한 장점도 무궁무진하다. 선수로서는 그다지 큰 명성을 날리지 못했으나 뒤늦게 감독으로 데뷔해 성공하는 사람들을 보면 누구나 보이지 않는 장점이나 강점이 있을 것으로 추측된다. 다만 남다른 노력이 숨겨진 재능의 발견과 그 크기를 좌우한다는 점도 솔직히 인정해야 한다.

단점을 고치는 데에 쏟을 힘을 장점에 투입하여 계속 확장해야 자신이 바라는 대로 성장할 수 있다. 손에 쥔 장점이라고 해서 모든 일을 알아서 척척 해결해주지 않는다. 부단한 연습과 노력이 있어야 좋은 결과를 기대할 수 있다.

피드백

👤 **P의 생각: 피드백은 직장생활의 기본이다.**

결과가 있는 모든 일은 끊임없는 피드백의 연속이다. 직장에서 업무를 처리한 후 결과를 보고하는 것도 그렇고, 친구들과 저녁 식사를 하고 헤어지면서 '친구들 오랜만에 반가웠네. 다음에 만날 때까지 건강하게 잘 지내기를 바라네.'라는 메시지를 날리는 것도 피드백이다.

회사의 일만이 아니라 사회생활이나 가족 간에도 피드백을 잘하는 사람은 신뢰를 얻을 수 있고, 자신은 좀 더 믿을 만한 사람으로의 성장도 기대할 수 있다. 피드백은 직장생활의 기본이면서 실천을 잘하면 자기 발전에 많은 도움이 되는 업무 처리 방식이다.

① **피드백을 잘하는 사람은 믿음이 간다.**

고객으로부터 융자 요청이 들어오면 담당자가 상담내용을 융자상담표에 적어 결재를 올린다. 담당자, 팀장과 함께 요청

내용에 대해 검토를 끝내고 나서 각자가 챙겨야 할 몫을 일러준다. 구두로 하는 예도 있지만, 주로 메모를 통해서 한다. 확인이 간편하고 시간이 지나도 까먹을 일이 없어서다.

지시사항 이행 여부는 담당자가 업무를 처리하고 결재 올릴 때 상담표에 적으면 되는데 이 일을 잘하는 직원도 있고, 성의가 없어 보이는 직원도 있다. 경험상 피드백을 잘하는 직원은 놓치는 게 없어 믿음이 가고 성과도 우수하여 지점 실적에 이바지하는 바가 그렇지 않은 직원보다 컸다.

② 피드백은 관심의 표현이다.

동료들한테서 듣기 싫은 피드백 한 번 받지 않았다고 절대 좋아할 일이 아니다. 아무리 말해도 바뀌는 게 없으니 아예 포기했거나 불편한 관계가 싫어 못 본 체하고 넘어가는 경우가 적지 않다. 상사가 혼내지 않는다고 인정받는다 생각하는 것도 오산이다. 이미 고치라는 시그널을 여러 번 보냈지만, 눈치 없는 당사자가 그걸 알아채지 못했을 수도 있다.

사람은 완벽한 존재가 아니어서 부족한 게 사실이다. 이로 인해 충고나 잔소리를 들을 수밖에 없는데 지금까지 쓴소리 한번 듣지 않았다는 것은 자랑거리가 아니라 자신이 풀어내야 할 엄중한 과제다. 자신이 잘해서인지 아니면 동료들이 자신을 포기한 것인지.

개선의 여지가 있어야 충고라도 하는 것이지 벽창호 같은 사람에게는 아예 입을 닫게 된다. 자신을 향한 충고의 함성이 들리고 업무에 대한 피드백이 꼼꼼하게 이루어지고 있다면 그만큼 관심받고 있고 함께 일하고 싶다는 긍정의 신호다. 상사나 동료들의 피드백은 희망적인 관여일 뿐 당사자를 통제하거나 감시하려는 CCTV가 아니다.

③ 일상생활 최고의 피드백은 칭찬과 감사다.

칭찬에 관한 자세한 내용은 '말 기술' 편에 나와 있다. 감사 역시 감사를 베푼 사람이나 감사를 받은 사람 모두에게 잔잔한 기쁨을 가져다준다.

우리 주변에는 감사해야 할 일이 참 많다. 회사생활을 잘하고 있다면 직장동료들에게, 아이들이 잘 자라주고 있으면 건강한 아이들에게, 아무 탈 없이 잘살고 있다면 가족과 주변 사람들께 감사한다.

필요한 도움을 받을 때만 감사의 말을 전하는 게 아니다. 상대가 베푼 작은 친절과 배려에 대한 보답으로 진심이 담긴 고마움을 전해 감사한 마음을 표현할 수 있다. 뒤따라가는 자신을 생각해 사무실 문고리를 잡아주는 동료에게, 식당에 갔는데 시원한 물 한 잔 가져다주는 직원에게도 '감사합니다.'라고 말 한마디 건네는 것이다. 듣기 좋은 말로 피드백해서 손해를 보는 예는 없다.

치명적인 오타

👤 P의 생각: 반복되는 실수는 회복하기 어렵다.

연령대별 금융거래 형태를 분석하여 보고하라는 지시가 있었다. 삼 일 정도 지나 보고서가 완성되었고, 이를 보고하기 위해 부장이 이사가 있는 방으로 향했다. 잠시 후 돌아온 부장의 표정을 보아하니 화난 기색이 역력하다.

아니나 다를까 오자마자 부름이 있어 부장실로 들어갔다. 일단 큰 소리가 나고 이것저것 엄한 훈계를 듣고는 내가 작성한 보고서에 치명적인 오타가 있음을 발견했다. 추진목표 100만을 10만으로 잘못 쓴 것이다. 친구와의 저녁 약속에 들떠 업무에 집중하지 않은 탓이리라.

그 자리에서 바로 나의 실수를 인정할 수밖에 없었고, 앞으로 이런 일이 발생하지 않도록 더욱 조심하겠다는 약속을 했다. 어찌 보면 단지 숫자 하나가 잘못된 간단한 실수였는데 허위 보고가 되어 엄청난 파장을 몰고 온 것이다.

매년 10월 13일은 핀란드가 정한 '실수·실패의 날'이란다. 지난 1년간 저질렀던 실수나 실패 사례를 모아 다른 사람들과 공유함으로써 전과 같은 행위를 반복하지 않고, 한 발 더 나아가 새로운 반전의 기회로 삼으려는 취지라고 한다.

잘하고 싶었고 잘해야만 하는 자리에서 뜻하지 않은 실수로 절호의 기회를 날려버리는 경우가 있다. 안타까운 상황이 벌어졌지만, 한 번의 실수 없이 무슨 일이든 척척 해내는 사람은 그리 많지 않다. 실수의 건수가 많고 자주 한다는 것은 그만큼 하는 일이 많고 열심히 한다는 방증일 수도 있다.

열심히는 좋아도 실수를 자주 하면 잃는 것 또한 만만치 않아 자신의 실수에 대해 더욱 엄격해질 필요가 있다. 모르는 건 배우고 불필요한 버릇은 고쳐서 실수를 줄여야만 실력이 업그레이드되고, 믿을 만한 사람으로 성장할 수 있다. 무엇보다 일할 때는 온 신경을 집중하여 몰입도를 높여야 실수가 없는 온전한 성과를 낼 수 있다.

어떤 일에서 처음 하는 실수가 자신을 망치지 않는다. 연이어 또 실수할 수 있다. 그야말로 한두 번의 실수는 부주의한 사람 정도로 평가받지만, 세 번째부터는 남들이 실망하게 된다는 점을 명심해야 한다. 같은 실수를 반복하거나 불필요한 실수를 자주 하면 믿지 못할 사람, 어리석은 사람, 함께 일하기 어려운 사람으로 구분된다. 결국 손해 보는 사람은 자기 자신으로 아무리 열심히 많은 일을 해도 인정받기 어렵다. 더 나은 사람으로 발전하려면 실수를 최대한 막아야 하고, 자신의 실수에 대해 너그러워져서도 안 된다.

실수를 대하는 자세에도 사람마다 차이가 있다. 자신의 실수를 냉정하게 응시하면서 그 원인을 찾아내 반복하지 않으려고 애쓰는 사람이 있는가 하면 눈앞에서 벌어진 명백한 실수마저 대수롭지 않게 여기며 이를 못 본 척하거나 변명만 늘어놓는 사람도 있다. 실수에 대한 반성을 모르는 사람은 성숙한 인간으로 발전할 기회를 스스로 놓치게 된다.

실패가 도전과 경쟁의 산물이라면 실수는 개인의 습관이자 태도에 기인하는 경향이 크다. 결과를 놓고 봤을 때 그 결과가 실패는 주로 자신을 향한다. 실수는 자신을 포함하여 남들에게도 큰 영향을 미친다. 따라서 실패한 사람에게는 용기와 위안을 주는 것이고, 실수에 대해서는 상대적으로 엄격한 잣대를 들이대는 것이다.

자기 생각과 행동에서 비롯하는 반복적인 실수는 회복할 길이 잘 보이지 않는다. 뜻하지 않은 실수를 한 경우 실수에 대한 이해와 용서가 피해를 본 당사자의 영역이라고 해도 자신의 실수를 쿨하게 인정할 줄 알아야 한다. 할 수 있는 최고의 방법은 진심에서 우러난 사과와 반성이다.

자전거 배우기

👤 **P의 생각: 실패는 누구나 할 수 있는 일이다.**

그리 어려운 일도 아닌데 처음 해본다는 두려움 때문에 누군가 꼭 도와주어야 가능한 일이 있다. 자전거 타기다. 다른 것과 비교해 배우는 방법이 상대적으로 쉬운 편이어도 경험 한번 없는 상태에서 자전거를 탄다는 것은 몹시 두렵고 어려운 도전이다. 균형감각이 제아무리 뛰어난 사람도 자전거를 배울 때 최소한 두세 번은 잡아주어야 한다.

이제 어느 정도 요령이 생긴 것 같으면 자전거를 잡지도 않은 채 '지금 잡고 있으니 걱정하지 마.'라는 말만으로도 신기하게 넘어지지 않고 앞으로 쭉쭉 잘나간다. 무서워 안 배우겠다고, 넘어져 다치기라도 하면 어쩔 거냐면서 차일피일 미루다가는 배우기가 점점 더 어려워진다.

우연히 겪은 한 번의 경험이 인생을 바꾸어주듯이 몇 번이고 넘어졌던 실패와 재도전이 두려움을 없애줘 낯설지만, 설레는 마음으로 새로운 세상을 만날 수 있도록 도와준다.

실패보다 성공을 더 많이 하는 사람이 있다. 부러운 일이기는 하나 이러한 사람들은 실패에서 오는 통각을 제대로 느낀 적이 없어 인생살이가 쉬워 보이고, 남들의 아픔을 모르는 경우가 많아 감정이 메마른 편이다.

인간이 생존하기 위해 반드시 느껴야 하는 게 통각이다. 통각을 느끼지 못하는 사람은 뼈가 부러지고 팔에 화상을 입고 피부가 벗겨져도 피·멍·상처와 같은 것을 두 눈으로 직접 보기 전까지는 자신이 다친 사실을 전혀 인지하지 못한다. 어떤 이는 부상에 따른 감염이 온몸에 퍼져 사망에까지 이른다. 실패의 통증 없이 연타석 성공만 날리는 이들의 특징이다.

① 작은 위기에도 잘 흔들린다.

성공적일 때는 심각하게 고민해야 할 일이 그리 많지 않고, 환경도 우호적이어서 의사결정이 수월한 편이다. 거래처 역시 불공정계약이나 불만이 다소 있어도 앞으로의 관계를 생각해 웬만한 일은 눈감고 넘어간다. 심각한 위기나 고민에 빠져본 적이 거의 없는 것이다.

거친 파도가 평범했던 선장을 유능하게 만드는 것처럼 인생의 저 밑바닥에서 온갖 통증을 다 느껴본 사람은 큰 위기에 대처하는 법을 제대로 안다. 실패의 경험이 부족한 사람은 작은 위기임에도 헤쳐나가는 요령을 잘 몰라 갈팡질팡하다 일을 그르치는 경우가 종종 있다.

② 세상을 만만하게 본다.

자신이 최고라는 허상에 사로잡혀 누구 하나 무서울 게 없고, 자신보다 덜 성공적인 사람을 아래로 보는 경향이 있다. 세상은 생각만큼 호락호락하는 상대가 아니다. 자신보다 더 훌륭하고, 더 성공하고, 더 부자인 사람도 많고 남들을 교묘하게 꼬드겨 이득을 취하려는 사람도 있다. 심지어 법을 무시하면서까지 남들을 못살게 구는 사람도 있다. 이와 같은 불시의 상황과 초대받지 않은 사람이 수시로 등장해 우리가 사는 세상을 복잡하게 만든다.

자신이 성공한 세계에서는 번데기 앞에서 주름을 잡고, 공자 면전에서 문자를 써도 괜찮았을지 모른다. 복잡하고 다양한 사람으로 구성된 이 세상은 완전히 다르다. 진정한 성공을 원한다면 자신이 잘된 것에 대해 늘 겸손해야 하고, 다소 부족한 사람을 동등하게 대우해주는 도량이 필요하다.

③ 공감 능력이 떨어진다.

잘하지 못하는 사람을 보면 이것저것 따지지 말고 도와주고, 이해도 좀 해주고, 아픔도 나눌 줄 알아야 하는데 도대체 왜 그러는지 그 이유를 모르겠다고 한다. 실패한 사람을 위한 답시고 하는 말이 자신의 성공 가도에 관한 기술과 기교여서 격려나 위로와 같은 공감은 고사하고 도리어 상처만 준다.

심해까지 가보지 않고 거기에 어떤 생물이 존재할 거라 지레짐작으로 예단하는 우를 범하지 않아야 한다. 덜 성공적인 사람에 대한 편견을 버리고 진솔한 마음으로 아픈 사람의 통증을 조금이라도 치료해주려는 노력이 중요하다. 그래야만 비로소 성공한 사람으로 불릴 수 있다.

자전거를 배우려는 낯선 시도가 즐거움을 가져다주고, 통각이 귀중한 생명을 지켜주는 것처럼 도전과 실패 역시 어떤 식으로든 반드시 응답을 받는다. 포기하지 않는 용기와 도전을 통해 또 다른 자신이 있었음을 발견하는 일이다.

아무리 노력해도 되지 않는 일이 있다면 충분히 쉬면서 에너지를 재충전한 뒤 다시 도전해보는 거다. 그래도 안 되면 그때는 포기할 줄도 알아야 한다. 이는 포기라기보다 발전적인 결단으로서 포기한 그 일이 타고난 단점이거나 아예 적성을 찾아보기 힘든 일일 수도 있다.

실패 그 자체의 잘못은 없다. 내 잘못이었든, 아니면 내 잘못이 아니었든 간에 실패한 자신을 나무라며 힘들어하지 않는 게 중요하다. 거친 파도를 이겨내고, 막다른 골목길에서도 기어코 살길을 찾아내듯이 크고 작은 실패를 발판으로 역전승을 거둘 수도 있다. 인생은 쭉 뻗은 직선이 아니라 울퉁불퉁한 곡선이다.

남의 떡

👤 P의 생각: 부러워하면 지는 거다.

주말에 외곽에서 서울 시내로 진입할 때 어김없이 막힌다. 막힘에 지쳐갈 즈음 앞서가던 차가 이면도로를 냅다 달리면 혹시나 하는 기대를 걸고 뒤따라간다. 그런데 웬걸, 처음에는 좀 빠른 듯하다가 얼마 가지 못해 길게 늘어선 차량의 행렬을 보고 실망했던 기억이 있을 것이다.

이리 돌고 저리 돌고 갖은 요술을 다 부려 운전해도 목적지 도착 시간은 정직하게 가는 길과 그다지 차이가 없다. 어느 때는 되레 더 늦게 도착하기도 한다. 막히는 길을 비슷한 속도로 열심히 가는 중인데도 자기 차선을 다른 차선과 비교하다 보니 남의 차선이 더 빨라 보이는 착시를 일으킨다. 다소 느려도 자기 차선을 지키며 차분하게 하는 운전이 차량의 흐름을 원활하게 하면서 안전도 보장해준다.

남의 떡이 더 커 보인다? 절대 크지 않다. 그렇게 보일 뿐 알고 보면 다 같은 크기의 떡이다. 남의 짐이 가벼워 보인다? 무겁기는 마찬가지다. 말해봤자 소용이 없고 불평만 한다고 그럴 것 같아 조용히 인내하고 있을 뿐이다. 사촌이 땅을 사면 배가 아프다? 배가 아프면 안 된다. 남도 아닌 피를 나눈 사촌이 땅을 샀는데 손뼉을 쳐주든지 아니면 축하 전화라도 해주는 게 친척으로서 마땅한 도리다.

남의 떡이 커 보이고 남의 짐이 가벼워 보이는 것처럼 나이가 비슷하거나 자신보다 못해 보였던 사람이 크게 성공하면 전생에 나라라도 구한 건가 하면서 몹시 부러워한다. 부러워하면 지는 거다. 남이 부럽고 그 모습이 멋있어 보인다고 무작정 따라 하다가는 뱁새가 황새 따라가다 가랑이가 찢어지듯 되레 더 고통스럽고, 자신에 대한 측은지심만 생겨난다.

남과 견주어 남의 것을 부러워하며 탐내기보다 다소 부족할지라도 자기 삶의 보폭대로 살면서 내가 가지고 있는 것, 현재의 나인 것에 스스로 감사할 줄 아는 마음이 한결 더 중요하다.

비교해봤자 아무런 소용이 없다는 사실을 잘 알고 있다. 앞으로는 절대 비교하지 말자고 수십 번도 더 다짐한다. 그런데 남을 기준으로 자신을 측정하려는 이상한 습성이 자신도 모르게 불쑥 튀어나온다. 또 이것이 원인이 되어 우리의 마음을 자꾸 불편하게 만든다. 자신은 지치고 힘들고 어려워 죽겠는데 남들은 아무런 걱정이 없이 잘 사는 것 같고, 자신보다 못한 것이 하나도 없어 보이는 그들을 바라보며 겉으로는 태연한 척해도 솔직히 부럽지 않을 수 없는 노릇이다.

남의 좋은 모습이 주로 눈에 띄는 이유는 사실 그들에게 뭔가 대단한 것이 있어서가 아니다. 남의 잘난 점만 보려고 하는, 남들에게 좋은 점만 보이려고 하는 사람들이 흔히 저지르는 포장 의식 때문이다. 남들이 다 괜찮은 것 같아도 그렇지 않은 경우가 많고, 외모에서 부티가 나고 멋져 보여도 속으로 병들고 말하지 못할 가슴앓이가 누구에게나 다 있다.

이처럼 남들도 나와 크게 다르지 않을 것이므로 남과 비교해 그리 넉넉하지 않은 삶이어도 이 순간 근심·걱정이 없다면 내가 더 나은 삶일 수 있다.

디지털 기술의 발달로 각종 정보가 24시간 공유되는 탓에 타인과 자신을 비교하는 일이 갈수록 증가하고 있다. 그렇다고 필수품이 되어버린 디지털을 버릴 수도 없고, 무엇과의 비교 또한 피할 수 없는 의식이 되어가는 느낌이다.

남과 또는 그 무엇과의 비교에 따른 불만족과 불안을 줄이고, 자신을 더 당당한 사람으로 만들어가는 방법은 남들도 나와 별반 다를 게 없다고 확실히 자평하면서 자신을 따뜻하게 위로하고 용기를 주는 일이다.

멘토

👤 P의 생각: 자신만의 인생 멘토를 만들어라.

아무리 사소한 일도 결국은 사람이 해야 하고, 사람이 중요하다는 사실을 잘 깨우친 덕분에 많은 기업이 인재 육성과 조직관리에 심혈을 기울이고 있다.

그중 하나가 멘토링제로서 지식과 경험 많은 사람이 일정 기간 멘토가 되어 멘티의 실력과 잠재력을 끌어올리는 방식이다. 신입직원을 하루라도 빨리 본연의 일에 적응시키거나 기존 직원들에게 더 높은 기술을 습득시켜 인적자본을 조기에 확충하는 것을 목적으로 한다.

인적자본은 근로자나 기업가에 체화된 지식이나 기술을 말하는데 교육 또는 경험 등을 통해 지속해서 증가·축적될 수 있고, 누구나 그것을 배워 체화하면 그 사람의 것이 된다.

멘토링 과정을 마친 신입직원과 면담한 적이 있다. 모든 게 낯설고 직원들도 처음 보는 터라 출근 첫날부터 기대보다는 걱정이 더 많았다고 한다. 앞으로 직장생활은 어떻게 해야 하는 건지, 업무는 어떤 식으로 배우는 건지와 같은 크고 작은 근심거리가 계속 생겨났지만, 다행히도 멘토가 잘 이끌어줘서 업무를 파악하는 데 많은 도움이 되었고 직원들과도 빠르게 친해졌다고 자평했다.

멘토가 아침저녁으로 업무처리 요령을 알려준 후 피드백하고, 가끔은 저녁도 하면서 회사 분위기, 회의문화, 직장 예절 등을 전해주었다고 한다. 이 신입직원은 멘토의 바람대로 머지않아 회사의 인적자본 확충 전략에 한몫할 것이다.

직장에서 생각하는 나의 인생 멘토는 4명이다. 직급이 높거나 유명하지는 않다. 다만 중용적 판단력과 지혜가 있다고 판단한 동료들이다. 당연히 친하며 두 명은 선배, 두 명은 후배다. 난감한 일이나 결정하기 어려운 문제가 생겼을 때 연락해서 자문하는 식이다.

멘토의 말을 듣고 나면 왜인지 모르게 마음이 편해진다. 어느 때는 거의 다 결정한 사항에 대해서도 최종 낙인을 찍기 전 멘토에게 마무리 의견을 구한다. 그러면 그들은 무안할 정도로 친절히 반겨준다. 자신이 누군가에게 보탬이 되는 일을 한다는 생각에 묻지도 않은 조언까지 해준다.

승진 시기가 임박했을 때 멘토와 나눈 대화다.

"이번에 꼭 승진하고 싶은데 부장님한테 말씀드릴까요?"

"아니야, 부장한테 부담 주지 말고 그냥 기다리는 게 좋을 것 같은데. 너는 이번에 잘될 거야."

"아 그래요. 알겠습니다."

별 내용이 없는 간단한 자문이었지만, 가슴이 조마조마하던 그 당시에는 큰 위안과 힘이 되었다. 다행히도 그때 팀장으로 승진했다.

이 험난한 세상 자신을 믿어야지 누구를 믿느냐는 사람이 있다. 그러나 인생은 모르는 것이고 아무도 장담할 수 없다. 하는 일이 적성에 맞지 않아 고민하고 있을 때, 친구와 대판 싸우고 화해하는 방법이 떠오르지 않을 때, 옆자리 동료 때문에 직장생활이 너무 힘들어 그만두고 싶을 때 자신의 얘기를 따뜻하게 들어주며 올바른 선택을 하도록 이끌어주는 사람이 있으면 좋겠다는 생각이 들 것이다. 그 역할을 해줄 수 있는 사람이 바로 멘토이다.

멘토는 높은 사람, 잘난 사람, 훌륭한 사람일 필요가 없다. 믿을 만한 사람, 존경하는 사람, 존중하는 사람이면 된다. 영역의 구분도 필요 없다. 직장 상사, 동료, 후배, 친구 등 누구나 멘토가 될 수 있다. 자신의 내면을 보고 잠재된 가능성을 일깨우면서 그 요령과 함께 용기를 주는 사람은 깊이가 있는 멘토다. 나만의 멘토가 있으면 마음이 든든해지고, 나아가 이들은 소중한 인맥으로 발전하기도 한다.

제2장

더 나은
나를
위해

변화에 대하여

👤 P의 생각: 왜 변화해야 하는가?

〈거울 나라의 앨리스〉에서 앨리스는 레드 퀸의 손을 잡고 숲속을 달리면서 뭔가 이상하다는 것을 느낀다. 아무리 달려도 계속 제자리인 것 같아 앨리스가 숨을 헐떡이며 여왕에게 그 이유를 묻는다.

"계속 뛰는데 왜 숲을 벗어나지 못하는 거죠? 내가 살던 나라에서는 이렇게 달리면 벌써 멀리 갔을 텐데."

그러자 여왕은 다음과 같이 대답한다.

"여기서는 힘껏 달려야 제자리야. 이 숲을 벗어나려면 지금보다 두 배는 더 빨리 달려야 해."

가만히 보니 자신들만 열심히 뛰고 있는 게 아니라 주위의 나무들도 같은 속도로 전진하고 있었다. 자신은 열심히 달린다고 달리고 있지만, 주변 환경도 그에 못지않게 급변하고 있어 제자리를 지켜내는 자체가 보통이 아니다. 속도감 있게 변화하지 않는 한 뒤처질 수밖에 없는 것이다.

웬만한 자기 계발 도서에 늘 등장하는 단어가 변화다. 어떤 이는 변화를 거창하게 역설하기도 하고, 또 어떤 이는 조금이라도 바꿔서 변화해야 한다고 강조한다. 이 단어가 언제 어디에서나 키워드가 되는 이유는 숨을 쉬고, 잠을 자고, 밥을 먹고, 회의를 하는 이 순간에도 모든 생물체가 쉼 없이 공진화하는 상황에서 변화를 외면하다가는 자칫 생존하기 어렵다는 사실을 잘 알기 때문이다.

도도한 변화의 물결 속에서 자기 영역만 지키려는 행동은 전통을 고집하는 위대한 장인정신이 아니라 남들은 앞을 향해 열심히 내달리고 있는데 자신은 자동차의 후진 기어를 넣는 것이나 다름없다.

남들보다 앞서는 건 고사하고 최소한 동행이라도 하기 위해서는 고민할 것 없이 변화하고 또 변화해야 한다. 사람에게 변화를 두려워하는 본질이 있다지만, 영민한 인간은 옛적부터 끊임없이 진화하면서 생존해온 덕분에 변화에서 살아남으려는 유전자 또한 동시에 지니고 있다.

여러 사람이 모인 회사나 단체와 같은 거대한 조직도 구성원들의 노력 여하에 따라 얼마든지 변화할 수 있다. 코스닥 상장업체이자 반도체 장비 강소기업인 ㈜테스의 Chairman & CEO인 주숭일 회장은 변화의 신봉자다. 변화 없이는 생존도, 성장도 없다는 게 평소의 지론으로서 변화란 예측 불가능을 안전하게 대비하는 보험과 같아 보험료를 내지 않으면 어떤 미래도 담보할 수 없다고 강조한다. 변화는 적응의 대상이지 두려움의 대상이 아니라고 하면서 실패를 두려워하지 않고 그 실패에서 성공의 열쇠를 찾는 기업이 되기 위해 오늘도 공부하고 연구하고 있단다.

가만히 있으면 편하고 좋을 일인데 왜 변화해야 하는지 그 이유를 세 가지로 요약한다.

① 살아남기 위해서이다.

자신을 둘러싸고 있는 환경을 포함하여 세상의 모든 것은 끊임없이 변화한다. 10년이면 강산도 변한다고 하는데 이는 변화가 아니라 그냥 세월의 흔적이다. 강산이 변하는 정도의 속도로는 사회공동체가 뿜어내는 공진화를 따라잡기에 그 역동성이 턱없이 부족하다.

현상이 이렇게나 엄중함에도 변화의 당위성을 외면하면서 세월의 변화에 편승하려는 사람들이 있다. 가혹한 예상이지만, 그들은 공진화에서 밀리다가 머지않아 영원히 사라지게 될 것이다. 빠른 속도로 변화하는 환경에 신속하게 적응하면서 변화의 속도가 공진화 속도 이상은 되어야 살아남을 수 있다.

② 안정하기 위해서이다.

변화는 혼란이 아니라 오히려 안정을 가져다준다. 레드 퀸의 효과처럼 주변의 환경과 같은 속도로 움직이면 뒤처질지도 모른다는 불안감이 사라진다. 급변하는 세상에서는 느린 것이 더 불안정하다. 초보운전이라 고속도로를 안전하게 간다면서 최저 속도 이하로 달리는 운전이 안전을 보장해주지 않는다. 오히려 대형 사고를 초래할 가능성이 더 크다.

유망한 기업이 하루아침에 도산했다는 뉴스가 수시로 들린다. 일명 전문가로 불리는 사람들이 그 원인을 다양하게 분석하여 제시하는데 도산의 근저에는 대부분이 변화를 외면한 채 현재 상황에 만족하는 정체성이 자리한다. 시장점유율이 50%가 넘는다고, 월급 걱정 없는 공기업이라고 현실에 안주하려는 모습 역시 변화에 눈감는 일이다.

변화가 완성되어 안정을 찾고 난 다음 일정 시간이 흐른 뒤엔 그 안정이 고정으로 굳어질 확률이 높다. 고정은 장기 불안정을 의미한다. 현재 안정적이니 걱정할 게 없다는 환상에 속지 말고 줄기차게 변화를 추구해야 지속 가능한 안정이 된다. 언뜻 혼란스러워 보이는 변화가 결국은 안정하자는 호소이다.

③ 새롭기 위해서이다.

매일 똑같은 일만 하고, 똑같은 말만 하고, 똑같은 사람만 만나고, 똑같은 장소에만 가는 사람은 실수할 확률이 낮고 불편함을 느낄 만한 일이 벌어지지 않는다. 그러나 인생의 전환점이 될 새로운 환경과 일, 새로운 사람을 만나기도 어렵다.

애벌레는 껍질을 벗고 입는 과정을 거쳐 번데기가 되고, 번데기에서 몸이 짓무르고 갈라지는 마지막 성장통을 거친 다음 나비라는 새로운 모습으로 재탄생하여 하늘을 날아다닌다. 애벌레가 수많은 변화를 거쳐 멋진 나비로 재탄생하는 것처럼 인생을 살면서도 익숙함만을 고집할 게 아니다.

취미가 바뀌면 행동이 달라지고 만나는 사람이 달라진다. 옷차림이 바뀌면 발걸음이 가벼워지고 좋은 일이 생길 것만 같다. 새로운 사람도 만나보고, 낯선 음식도 먹어보고, 안 하던 것도 해보고, 낯선 곳으로 여행도 가봐야 아름다운 인생극장을 만들어갈 수 있다.

〈강소기업 ㈜테스〉

언제나 고객의 관점에서 늘 신뢰받는 초일류 기업이 되겠다는 ㈜테스는 반도체, 디스플레이, 화합물반도체 장비 분야에서 최고의 품질과 최고의 서비스 제공을 하고 있다.

㈜테스는 이러한 노력을 크게 인정받아 2018년 대한민국 기술대상에서 대통령 표창을 수여하였으며, 2021년 제58회 무역의 날

1억 불 수출탑을 수상하는 등 수많은 상장·상패와 공로패를 매년 받아왔다.

테스의 성과는 거저 이루어진 것이 아니다. 끊임없는 기술 개발, 지속적인 변화와 혁신 추구 그리고 임직원 모두가 단단한 팀워크로 솔선수범한 결과이다. 또한 윤리 규범을 제정하여 법과 윤리를 준수하고 자유시장 경제 질서를 존중하며 제품과 서비스의 질적 향상을 통하여 경쟁우위를 확보하는 등 공정한 상도에 따른다는 게 테스의 의지이자 목표이다.

사회공헌 사업에도 최선을 다하고 있다. 2002년 설립 당시부터 지역사회와 함께 성장하겠다는 기본적인 철학을 착실히 실천해왔다. 2004년부터 경기도 용인 및 이천 지역에 있는 장애인 및 요양 보호시설, 위탁 아동 보호시설 등에 대한 정기적인 기부 등을 통해 사회공헌활동에 힘쓰고 있다.

한편 충북반도체고등학교와는 반도체 엔지니어 양성을 위한 협약을 체결하여 현장 체험을 통한 실무교육을 심화하고 직원 채용 등을 포함하여 대한민국 반도체 산업의 미래를 이끌 인재 육성을 위해 대학생에게 장학금을 지급하고 있다.

다음은 주숭일 회장의 메시지다.

"국내 반도체 업계의 오랜 염원이었던 반도체 제조용 장비의 국산화를 목표로 설립한 테스는 선진 반도체 강국의 입지에 걸맞은 파트너로서의 위상을 확립하기 위하여 어려운 시장 환경 속에서도 지속적인 투자를 통해 혁신적인 기술 개발에 매진하고 있으며, 고객의 요구에 적합한 최적의 장비를 적기에 공급하고자 효율을 극

대화하기 위한 스마트 강소기업을 추구하면서 언제나 깨어있는 정신으로 최선을 다하고 있습니다.

또한 반도체 장비 기술 개발에서 얻어진 know-how와 경험을 바탕으로 디스플레이, 화합물반도체 제조용 장비의 국산화에도 전력하고 있습니다.

속도감 있게 성장하고 발전하는 무한 경쟁의 산업 환경 속에서 기업의 지속 가능한 성장을 도모하기 위해서는 기존의 틀을 벗어나는 새로운 아이디어 창출이 필수적이며, 기업의 사회적 공헌도 매우 중요하다는 판단 아래 이에 필요한 사항을 꾸준히 이행하고 있습니다.

테스는 변화와 혁신 그리고 실패를 두려워하지 않습니다. 모든 임직원이 불굴의 실험정신으로 똘똘 뭉쳐 실패에서 성공의 열쇠를 찾아내는 기업이 되기 위해 오늘도 공부하고 연구하며 실천하고 있습니다."

👤 P의 생각: 변화하고 싶다면 목표부터 세워라.

평소의 꿈이기도 했던 글을 쓰기로 마음먹은 후 내용을 유형별로 분류하고 필요한 자료를 수집하기 시작했다. 퇴근해서 집에 오면 한시도 가만히 있지 못한 채 새로운 소재를 찾아 보완하고 글의 문맥을 바로 잡으며 퇴고를 거듭했다. 주말에 한강 변을 걸으면서도 머릿속은 온통 글 생각뿐이었다.

답답한 마음에 글 도움을 얻으려고 서점을 찾아보니 그동안은 구경도 못 했던 서점이 집 근처 여기저기에 있었고, 승강기에 붙어있는 안내장 하나에도 시선이 쏠렸다. 가는 곳마다 글과 관련된 정보가 눈에 들어오면서 새로운 글귀가 수시로 떠올랐다.

목표로 인해 정신이 집중되어서인지 글쓰기와 관련된 정보가 눈덩이처럼 크게 보이는 데다가 눈에 띄고 머리에 연상되는 것이 많기도 많아 주변의 사물과 현상들이 온통 목표의 이로움으로 지각되었다. 무학대사가 태조 이성계에게 말한 것처럼 '뭐 눈에는 뭐만 보인다.'는 말과 다를 바 없었다.

목표가 없으면 하고 싶은 일도, 만나고 싶은 사람, 가보고 싶은 곳도 없으며 매사에 의욕이 떨어져 기력마저 달린다. 목표가 있으면 모든 게 변화하기 시작한다. 제일 먼저 눈에 보이는 것이 달라진다. 그러면서 필요한 정보가 떠오르고 새로운 각오를 다지게 된다. 약사의 눈에는 약국만 보이고, 의사의 눈에는 병원만 보이고, 술꾼의 눈에는 술집만 보이는 것처럼 목표를 정하면 목표와 연결되는 객체가 참으로 많다. 사람은 관심 사항에 포커스를 맞추려는 성향이 있기 때문인데 눈에 띄는 게 없다면 목표가 없다는 증거다.

다음으로는 행동의 변화가 일기 시작한다. 원고를 언제까지 마치겠다는 구체적인 목표를 세우고 나서 나의 행동과 생활방식에 많은 변화가 있었다. 퇴근 후의 행동이 달라졌다. 평소 같으면 직장동료나 친구와 술을 한잔하거나 집에서 TV를 시청했으나 그 시간이 글 쓰는 일로 대체되었다.

일상의 대화 내용 또한 확연히 바뀌었다. 직장에서도 집에서도, 밖에서 누구를 만나도 글이나 책과 관련된 내용이 거의 전부를 차지했다. 만나는 사람도 달라졌다. 글 쓰는 데에 도움을 얻고 필요한 정보를 수집하고자 책과 연관된 사람을 주로 만났다.

글을 쓰려면 나 스스로 변화해야 한다는 것을 자각하면서 생각이나 일상생활의 루틴이 글에 집중되었고, 생활방식도 그 목표에 맞춰 변화해갔다. 평소 익숙한 대로 살면 결과에서도 과거와 유사한 꼴만 얻게 되어 어떠한 변화나 발전도 기대하기 어렵다. 지속적이면서도 실질적인 변화의 바람을 원한다면 숫자로 표시된 구체적인 목표가 답이다.

인간은 일관성을 유지하려는 습성이 있어서 움직이게 하거나 움직이는 방향을 바꾸려면 강력한 충격이 필요하다. 실행 가능한 구체적인 목표가 충격이자 자극제이다. 목표는 생각을 자극하여 사람을 움직이게 만들고, 제대로 된 방향으로 나아갈 수 있도록 이끄는 나침반이 되어준다.

목표를 세운다고 다 이룰 수 있는 것도 아닌데 괜히 신경만 쓰이게 하고 사람을 피곤하게 만든다면서 목표를 갖지 않는 것으로 위안 삼는 이들이 있다.

왜 그럴까? 우선 목표를 세우면 무언가 해야 하는 불편함이 발생한다. 운동하려면 아침에 일찍 일어나야 한다거나 헬스장에 가야 하는 것처럼 말이다. 즉흥적인 만족감 역시 목표 설정을 방해하는 요인이다. 공부보다 영화가, 회의보다 게임이, 보고보다 수다가 훨씬 재미있다. 목표를 달성하기 위해서는 일시적인 편리함과 즐거움에서 벗어나 다소 불편하더라도 스스로 변화하려는 의지가 있어야 한다.

목표 달성에 실패했을 때 겪게 될지 모를 실망감도 한몫한다. 그러나 실패는 누구나 겪는 일이고, 실패 없는 성공도 없다. 피그말리온의 효과처럼 간절히 원하면 무엇이든 이룰 수 있다. 변화하지 못한다는 건 진정으로 바라는 소망이 없다는 말이기도 하다.

👤 P의 생각: 변화에는 저항이 따른다.

회사 조직에 변화를 주기 위해 저명한 컨설팅 회사로부터 조직개편에 대한 컨설팅을 받은 적이 있다. 내가 소속된 부서도 예외 없이 변화가 필요하다는 지적이 나왔다. 부장과 팀장이 나서서 우리 부서는 꼭 필요하고, 다른 회사의 조직구조와 비교해 봤을 때 오히려 더 확대해야 한다는 점을 담당자에게 논리적으로 어필했다.

담당자는 동상이몽이었다. 부서원들의 불안한 마음을 뒤로 한 채 컨설팅 결과에 따라 일부 업무를 타 부서로 이관해야 하며, 정원을 줄여야 한다는 등 자기 소신을 굽히지 않았다. 모르는 사이도 아니고 또 실무자이니 농담이라도 건네면서 직원들이 불안하지 않도록 얘기해주면 좋았을 텐데 말이다.

부서 개편이 약보합으로 끝나 그나마 다행이었으나 직원들은 크고 작은 상처를 입었다. 컨설팅 도중에 있었던 부서 개편이라는 충격이 얼마나 컸던지 일부 직원들에게 변화를 거부하는 '변화의 벽'이 생겼고, 원리원칙을 유별나게 강조했던 담당자는 미션이 종료된 후 직원들로부터 많은 원성을 들어야만 했다.

조직개편의 결과로 부서가 없어지거나 업무가 축소되어 정원 감축이 예상되는 경우 직원들은 자신의 자리가 없어질지도 모른다는 불안감에 조직개편을 격렬히 부정하게 된다. 불확실성이 두려움과 불안감을 불러오는 것이다.

일부 직원들은 불편한 감정을 숨기기 위해 변화를 일부러 과소평가하거나 남의 일처럼 관조하고, 심지어는 집단으로 변화에 저항하는 자세를 취하기도 한다. 변화가 크면 클수록 저항하는 강도가 커진다. 만약 이를 조기에 수습하지 못해 상황이 더 나빠지면 바람 빠진 축구공을 차는 꼴이 되고 만다.

생각만 바꾸면 금방 변할 것 같아도 결코 쉬운 일이 아니다. 변화는 일단 에너지가 많이 소모되고 시간 또한 오래 걸린다. 정신적으로 힘들 때도 많고 간간이 좌절도 하게 된다. 그런 만큼 직원들의 용기와 동참이 절실한 것인데 변화를 주도하는 사람들이 구성원들에게 진심을 다해야 더욱 빠른 변화와 안정을 기대할 수 있다. 변화의 벽을 제거하고 변화를 성공적으로 이끌기 위해서는 최소한 다음 세 가지 정도는 충분히 선행되어야 한다.

① 변화에 대해 솔직하게 충분히 설명한다.

불만 섞인 얘기가 있어도 빠짐없이 들어주고 질문을 던지기도 하고 받기도 하면서 솔직한 감정을 유지한다. 그래야 뒷말이 나오지 않고 신뢰를 얻을 수 있다. 미루면 미룰수록 조직 전체가 뒤처지게 되고 그로 인한 불이익은 고스란히 직원들 각자의 몫으로 귀결될 수 있다는 점도 솔직히 전달한다.

② 불안한 마음을 보듬어줘야 한다.

직원들이 스스로 용기를 갖고 안심할 수 있도록 변화로 인해 기대되는 긍정적인 면을 진정성 있게 전달하고, 예상되는 결과에 대해서도 최대한 많은 정보를 제공한다. 지금 당장은 개인적으로 손해를 보거나 잃는 것도 있으나 좋은 점도 많고 그것이 서로에게 이익이 된다는 점 등이다. 이해를 돕기 위해 직원들이 확인할 수 있는 객관적인 수치와 타 사의 사례를 적극적으로 활용하는 것도 좋은 방법이다.

③ 리더가 앞장서 학습을 해야 한다.

컨설팅 결과를 책상 위에 펼쳐 놓고 회의를 한다고, 구호를 우렁차게 외치고 고민한다고 변화가 이루어지지 않는다. 변화하는 방향과 결과를 충분히 이해하는 게 중요하다.

사실 직원들이 변화를 두려워하는 이유 중 하나는 무엇이 어떻게 변화고, 그 결과가 어떠할지를 몰라서인 경우가 상당하다. 추구하는 방향과 예상되는 결과를 자세히 알고 나면 새로운 변화가 훨씬 더 효과적·효율적임을 자각하게 된다.

변화를 이해시키는 연수나 교육이 필요한 것인데 이때 리더가 앞장서서 솔선수범하는 자세를 보여줘야 한다. 리더는 빠지고 직원들만 배우라고 하면 주체가 되어야 할 자신들이 오히려 변화의 대상이 되었다고 생각해 거친 심리적 저항을 드러낼 수도 있다.

기획된 언어

👤 P의 생각: 언어가 사고를 지배한다.

사람은 모두가 다 이름이라는 언어가 있고, 그 언어가 자신이나 타인의 사고에 적잖은 영향을 미친다. 심지어는 운명으로까지 연결 지어 확대해석하는 인물도 있다. 살아가면서 불행한 일을 당하거나 미래가 불안하거나 혹은 동명이인이 나쁜 짓을 저지르거나 할 때 많은 사람이 자기 이름에 대해 다시 생각하게 된다.

이름에 별다른 불만이 없는 사람도 더 나은 결과를 얻기 위해 자신에게 맞는다고 생각되는 이름으로 고치려는 예가 있다. 연예인들이 흔히 쓰는 가명이나 예명도 호칭을 개선하여 좋은 결실을 얻으려는 시도일 것이다.

이름 하나가 그 대상의 운명을 좌우하고 파급력 또한 크다는 사실을 일상에서도 쉽게 접할 수 있다. 생각했던 것보다 가격이 싸면 '착한 가격'이라고 한다. 착한 만큼 품질도 대단히 좋을 것이라 믿는다. 어법상 생경한 '착한'이 아니라 '싼'

또는 '알맞은'이라는 단어가 적합한 말인데도 '착한'이라는 이름을 붙여 우리의 사고를 완전히 사로잡는다.

아파트와 같은 공동주택 경비원 호칭 개선 운동의 하나로 '경비원 NO, 오늘부터 관리원으로 불러주세요!'라는 현수막이 여기저기에서 눈에 띈다. 입주민의 안전과 행복을 위해 일하는 감사한 분들을 새 이름으로 호칭하여 존중하자는 착한 캠페인이다. 경비원에서 관리원으로 호칭만 바꿨을 뿐인데 무언가 중요한 일을 해내는 멋진 직장인처럼 여겨진다.

'청정 코디네이터, ○○ 코디 지금 시작하세요.' 정수기를 보수 관리하는 일로서 '정수기 청소원'이라고 하면 단어 자체와 직업에 대한 거부감이 은연중에 생겨난다. 관리원과 마찬가지로 하는 일이 바뀌지 않았음에도 코디네이터라는 이름으로 대체하니 그럴싸하게 보이면서 그 일과 직업에 대한 거리감이 확 줄어든다.

언어가 모든 사항을 결정하지는 않지만, 막연하게 인식만 하고 있던 것에 이름을 붙이거나 의도적으로 호칭을 달리해서 부르면 우리의 머리는 그 이름과 연관 지어 사고하게 된다. 언어가 사고를 프레이밍 하여 우리를 지배하는 것이다.

비트겐슈타인은 그의 첫 저서인 〈논리철학 논고〉에서 '나의 언어의 한계가 나의 세계의 한계다.'라고 하면서 언어에는 특정한 논리적 구조가 있고, 이 구조는 세상의 구조를 반영한다고 역설했다. 인간의 사고력과 인지력은 언어로 만들어지고 역으로 그 언어가 인간의 사고를 지배한다는 얘기다.

언어가 빈약한 사람은 말의 내용이 늘 그대로다. 떠오르는 단어가 한정되어 있어 틀에 박힌 말만 나오고 사고와 감정 또한 단순하다. 말투 역시 단조롭고 거칠며 남들에 대한 이해심이 약하다.

풍부한 언어를 가진 사람은 말을 잘하면서도 어떤 사안에 관한 이해력이 뛰어나고 아이디어가 출중하다. 명강사의 강의를 들으면서 그 내용이 귀에 쏙쏙 들어올 때 '그 사람 어쩜 그렇게 말을 잘하나.'라고 감탄하면서 언어라는 것이 우리의 사고와 감정에 얼마나 많은 영향을 끼치는지 피부로 느낄 수 있다.

인간은 자신이 소유하고 있는 언어로 자기 생각이나 감정을 충분히 전달할 수 있고, 전부는 아니어도 많은 사람이 이해할 것이라고 단정한다. 이러한 기대와는 달리 언어가 아무리 풍부한 사람이라고 해도 본인의 의사를 정확히 표현하는 일이 어려우며, 다른 사람의 생각을 잘못 해석하는 경우가 종종 있다고 한다. 언어의 한계를 넓혀야 할 필요가 있는 것인데 평소에 많이 읽고, 보고, 듣고, 메모하는 등 어휘의 수를 늘리려는 꾸준한 노력이 있어야 가능한 일이다.

생각의 디자인

👤 P의 생각: 자기 생각을 디자인하라.

한번은 누님이 사는 거제도로 가족여행을 갔다. 말 그대로 이번에는 발길 닿는 대로, 바람 부는 대로 가보자는 의견에 따라 아무런 부담과 준비 없이 기분 좋게 출발했다. 목적 없이 떠나면 구속받지 않아 좋을 것 같았는데 얼마 지나지 않아 다른 형태의 불편함이 슬금슬금 생겨났다.

휴식도 취할 겸 커피 한잔 마시려고 서울과 거제도의 중간쯤에 있는 금산인삼랜드 휴게소에 들렀다. "오늘은 어디에서 잘까?"라는 물음에 아니나 다를까 들떠있는 가족들은 그냥 가자는 것이다. 알았다고는 했으나 나는 오늘 하루를 어떻게 보낼 것이며, 잠은 어디서 자야 하는지에 대한 걱정이 떠나질 않았다.

거제도에 도착하여 여러 명소를 둘러보면서 그동안 묵어있던 스트레스는 날려버렸어도 숙소를 물색해야 하는 또 다른 스트레스가 생겨났다. 결국은 누님댁에 신세를 졌다.

계획 없이 자유분방하게 무작정 달리는 여행이 진정한 자유를 주리라는 기대는 보기 좋게 빗나갔고, 우왕좌왕 많은 시간을 허비하고 말았다. 생각의 디자인 없이 무턱대고 떠나는 여행이 언뜻 생각에 무척 낭만적으로 보일 수는 있어도 전문가가 아닌 보통 사람들에게는 숱한 고생길이나 다름없다. 일정과 계획을 디자인하지 않은 만큼 예상치 못한 지출과 불편함이 수시로 발생하고 걱정거리 또한 동반 상승한다.

뛰면서 생각하라는 말을 많이 들었을 것이다. 실행력을 앞세워 일단 뛰고 보자는 생각도 나쁘지 않으나 요즘같이 복잡한 세상에서는 생각을 정리한 후 뛰는 것이 더 현명하고, 득이 많은 전략이 될 수 있다.

아무런 준비도 없고 생각도 안 한 채 무작정 뛰기 시작하면 도대체 어느 방향으로 뛰어야 하는지, 뛴다면 어느 정도의 속도로 달려야 하는지, 또 누구랑 같이 뛰는지 알 길이 없다. 일단 뛰고 난 뒤라 더 깊이 생각할 여유도 없다. 자칫하다가는 무작정 거제도 여행처럼 방향성을 잃어 아까운 시간만 허비하다 실패할 확률이 높다.

인생은 목적지가 보이지 않는 기나긴 여정이다. 생각을 꼼꼼하게 디자인한 후 뛴다고 해도 인생 전체에 별다른 차질이 발생하지 않을 만큼 긴 거리다. 즉흥적인 결정을 미루고 생각을 디자인한다는 건 제대로 된 방향으로 가고자 하는 올바른

시도이다. 하지만 행동 없이 생각만 하는 일은 어디에도 쓸모가 없다. 존재하는 모든 일의 결과는 생각이 아니라 오직 실천과 노력을 통하여 나온다. 무슨 일이든 일정 시간까지만 생각하고 즉시 실행에 옮긴다는 대원칙이 있어야 생각의 디자인이 빛난다.

생각을 디자인하는 데에 있어 **①메모만큼 중요한 게 없다.** 복잡한 생각을 일목요연하게 기록·보관할 수 있기 때문이다. 점심 약속과 같은 작은 일부터 회사 경영전략 회의, 거래처와의 미팅, 부모님 생신 등 중요한 행사까지 기억해야 할 이벤트가 한둘이 아니다. 그 전부를 기억하려다가는 아마도 소중한 머리가 터지고 말 것이다. 메모가 기억의 과부하를 줄여 머리를 말끔히 정리하도록 도와준다. 그렇게 비워진 자리에 계획을 세우고 아이디어를 채워가며 자신이 원하는 일들을 맘껏 디자인할 수 있다.

②숫자를 이용하면 생각의 디자인이 쉬워진다. 꼭 전달해야 할 내용을 빠뜨린 경험은 누구나 있다. 나는 이러한 불상사를 방지하려는 차원에서 전달할 내용에 번호를 붙여가며 메모하여 생각을 단순하게 정리한다. 가령 전화를 걸 때 말할 내용을 중요한 순서대로 미리 적고, 메모지를 보며 통화하는 경우 빠지는 사항이 없고 말도 조리 있게 잘할 수 있다.

생각의 디자인은 **③목표에도 유효하다.** 구체적 목표를 세운다는 건 미래를 디자인하는 훌륭한 일이다. 고민의 결과물이 목표로 전환되어 나타나고, 눈앞에 보이는 목표가 곧 자기 생각이 반영된 디자인이다.

자장면을 먹을까 짬뽕을 먹을까? 물냉면을 주문할까 비빔냉면을 주문할까? 사회생활을 하다 보면 아주 사소한 일로 잠시 망설이는 경우가 있다. 이때 생각을 어떻게 정리하면 좋은지 몇 가지만 적어본다.

> 갈까 말까 할 때는 가라.
> 줄까 말까 할 때는 줘라.
> 살까 말까 할 때는 사지 마라.
> 먹을까 말까 할 때는 먹지 마라.
> 말할까 말까 할 때는 말하지 마라.

아무리 지혜로운 사람도 무언가를 결정할 때 애매한 문제에 대해 결정장애를 일으키곤 한다. 나도 역시 다를 바가 없는데 사소한 문제로 의사결정이 혼동되는 경우 위 내용을 기준 삼아 판단하는 예가 종종 있다. 이에 따른 결과는 망설임 없는 선택에서 오는 편안함이었고, 분간이 어려운 긍정과 부정의 혼란에서도 조금은 벗어날 수 있었다.

부정의 산물

👤 P의 생각: 부정적이면 되는 일이 없다.

의학계에 플라세보Placebo와 노세보Nocebo 효과라는 게 있다. 실제로는 아무런 효과가 없는 약을 진짜 약이라고 가장해 환자를 믿게 한 후 처방하면 효과가 있는 것처럼 반응하는 게 플라세보 효과다. 약에 대한 긍정적 기대가 좋은 결과를 낳아 약효가 없음에도 환자의 병세가 호전된다.

이와는 반대로 환자에게 약을 주면서 부작용을 경험할지도 모른다고 힘주어 말하면 의학적 근거가 없음에도 실제로 부작용 증세를 보이는 게 노세보 효과다. 약에 대한 부정적 생각이 좋지 않은 결과를 가져와 몸에 적합한 약을 처방했는데도 환자의 의심으로 인해 약효가 나타나지 않는다.

이처럼 몸, 태도 그리고 특정 영역의 성과에 이르기까지 우리가 어떤 생각을 가지고 어떻게 행동하느냐에 따라 그 결과물이 천양지차로 나타난다.

부정적인 정보에 주의가 집중되고 뇌가 활성화되어, 매사 부정적인 것을 먼저 받아들이는 성향을 '부정성 편향'이라고 한다. 전문가들은 나쁜 정보를 먼저 처리해야 위험을 피할 수 있고, 생존 확률도 높일 수 있기 때문에 생긴 것으로 판단하고 있다. 이로 인해 안 좋고, 잘못하고, 부정적인 일을 더 오래 기억하게 되는 것이다.

3연승 하다 한 번 패하면 승리해서 기뻤던 기억보다 패배에서 느꼈던 좌절이나 실망감을 먼저 떠올린다. 칭찬을 자주 듣다가 작은 실수로 윗사람한테 혼이라도 나면 치명상을 입었다고 생각되어 그날은 잠이 오지 않는다. 게임에서 패하고 뜻하지 않게 하는 실수는 누구나 겪는 흔한 일인데도 부정성 편향으로 인해 그 잔상이 오래 남는다.

옛날을 회상했을 때 좋았던 일보다 안 좋았던 일이 더 많은 것으로 기억되는 이유 역시 자신이 안 좋은 일을 많이 일으켜서가 아니다. 남들이 잘못해준 일만 떠오르는 것 또한 자신한테 잘해준 게 없어서가 아니다. 이 모든 게 부정성 편향에 기인하는 일일 뿐 우리는 지금껏 나쁜 일보다 좋은 일을 더 많이 했을 것이다.

부정적인 사람은 고작 한두 번 실패한 후 뭘 해도 안 될 것이라 단정하고는 그대로 멈추는 성향이 있다. 주변이 온통 힘들고 어려운 것 천지로 보여 어디 한번 해보자는 의욕이 어디

에도 없고, 실패할 게 뻔한데 왜 사서 고생하느냐고 한다. 자
존감이 바닥을 치고 있거나 자신감이 부족한 사람일수록 자
신에게 믿을 만한 구석이 없다 보니 지금까지 이루어 낸 것,
자신이 현재 가지고 있는 것, 앞으로 할 수 있는 일이 별로 없
다고 결론 내린다. 그러나 생각과 행동을 조금만 바꿔보면 상
황이 달라진다. 안 되던 일이 되기도 하고 어렵던 일이 쉽게
풀리기도 한다.

'잘 안될 것 같다.' 하면 실제로 안 되고 '나는 행복하지 않
아.' 하면 절대 행복해지지 않는다. '걱정할 것 없어.' 하면 근
심이 사라지고 '오늘 좋은 일이 있을 것 같은데.' 하면 좋은 일
이 생긴다. 자신도 모르게 중얼거리는 말이 사고와 행동을 그
방향으로 이끌기 때문이다. 행여 안 좋고 나쁜 일이 생겨도
그 상황에 구속받지 말고 될 수 있으면 좋은 쪽으로 생각하면
서 긍정의 편대를 띄운다.
　남에게는 '너는 충분히 할 수 있어.', '너는 잘될 거야. 열심
히 하고 있잖아.', '너무 걱정하지 마. 앞으로 별일 없을 거야.'
동료에게는 '그래도 우리 한번 해보자.', '어차피 해야 할 일
인데 즐겁고 재미있게 하자.' 자신에게는 '그래 난 해낼 수 있
어.', '나는 괜찮아. 이 정도면 충분해.'
　이러한 말을 자주 하고 떠올리면서 긍정을 내면화해가는
거다. 사실 부정과 긍정은 한 끗도 안 되는 차이다. 그래도 이

게 중요한 이유는 부정은 행동을 멈추게 하고, 긍정은 행동을 촉진하기 때문이다.

'오만 가지 생각이 다 난다.'는 말이 있다. 실제로 사람들은 하루에 오만 가지 생각을 한다고 하는데 안타까운 사실은 오만 가지 생각 중 4만9천 가지 이상이 부정적인 생각이란다. 행동은 없이 생각만 많이 하면 종국에는 부정적으로 되고, 그 부정은 다른 행동마저 멈추라고 재촉한다. 그리고 멈춘 상태에서 가만히 있다가 또다시 상상이 많아져 생각에 생각이 꼬리를 물면서 걱정거리를 몰고 온다.

긍정적이면 뭐라도 해야지 하는 생각에 움직이게 되고, 이는 자신이 바라는 삶의 중요한 에너지원이 된다. 또한 모든 일이 다 잘 되리라는 신념을 갖게 만들어 일상의 생활이 즐거워지면서 낙천적으로 변해간다. 정량화할 수는 없으나 실제로 행복감도 높여준다.

최상의 긍정이 최고의 사람을 만든다? 맞을 수도 있고 틀릴 수도 있는 말이다. 세상의 진리인 양 모두가 긍정하라 하고 긍정하는 사람이 성공한다고 하니 긍정하지 않을 이유가 없다. 안타까운 사실은 긍정하는 생각이 당면 과제를 모조리 해결해줄 것이라 기대하지만, 긍정의 맛이 몸에 좋다는 한약보다 쓸 때가 있다는 점이다.

가만히 있어도 원하는 대로 잘될 것이라 믿게 하고, 개선점이 있음에도 지금 이대로가 좋다 하고, 더 큰 것을 이룰 수 있음에도 작은 성과에 만족하라고 한다. 이처럼 긍정은 막연한 기대감을 분별없이 쏟아내 사람들을 게으르고 작아지게 하는 성향이 있다. 또한 모든 일이 뜻대로 되리라는 대전제하에 목전의 변화마저 거부하는 사태도 일으킨다.

위기가 기회라는 말처럼 일정 수준의 난관이 있어야 대책을 세우고 살길을 찾고자 노력하게 되는데 과도한 긍정이 도리어 진취적인 대응과 도전을 무색하게 만든다. 특히나 행동 없는 긍정은 되레 독이 된다. 실천은 하지 않으면서 너무 긍정적이기만 한 것은 아닌지 자기 생각 상태를 자세히 들여다볼 필요가 있다.

긍정적으로 생각한다고 해서 문제가 쉽게 해결되거나 그 문제가 자동으로 더 좋아지지 않는다. 긍정을 부정하려는 게 아니다. 문제를 해결하려니 스트레스만 쌓인다면서 긍정을 핑계로 삼아 노력은 안 하고 현실에 안주하려는 행동을 경계하자는 의미다. 긍정이라는 단어 값을 제대로 해내기 위해서는 마음만으로 되지 않는다. 반드시 실천이 따라야 한다. 그런 이후라야 긍정하는 것들을 생각대로 이뤄낼 수 있다.

👤 P의 생각: 비난을 일삼는 사람은 외로워진다.

심리학자인 존 카바트 진은 '남을 비판하지 않는 사람은 윤리적 원칙에 따라 단순하게 살고 더 효율적으로 행동하며 만족한 삶을 살아간다.'고 했다. 값어치 없는 일에 에너지를 쏟지 말라는 충고일 것이다.

사회를 투명하게 해주는 건설적인 비평과는 달리 하향평준화를 유발하는 비판, 대안 없는 비판, 근거 없는 비판, 반대를 위한 비판 등은 도움 될 게 하나도 없는 말 기술이다. 사람을 비판하고 헐뜯는 것이 잠깐은 속이 후련할지 몰라도 결과적으로는 자신을 점점 더 병들게 할 뿐이다.

세상에서 가장 쉬운 게 남을 비판하고 판단하는 일이며, 가장 어려운 게 자신을 아는 일이다. 문제는 남을 재단하는 일이 쉬우면서도 판단 착오를 일으킬 위험이 크다는 데에 있다.

말도 안 되는 궤변으로 젊은이들을 사로잡아 홀린 고대 그리스시대의 소피스트들처럼 비난을 일삼는 사람은 그럴듯한 말 기술을 이용해 객관적인 관점에서 상대를 공정하게 평가하는 것으로 포장하지만, 옳고 그름의 기준을 언제나 자신에게 두고자 한다. 비난하고 비판하는 대상을 나는 과연 얼마나 알고 있을까? 나의 주관적인 생각이 너무 많이 개입된 것은 아닐까?

시쳇말로 '아니면 말고' 식으로 터뜨리는 폭로가 당사자에게 세상 이별까지 생각하게 만드는 엄청난 일을 발생시킨다. 이처럼 정도를 벗어난 지나친 비난은 사회를 멍들게 하고, 상대에게는 회복하기 어려운 고통을 안긴다. 다른 사람에 대한 비난을 밥 먹듯이 하는 사람은 입을 열 때마다 보이지 않는 미래의 적이 늘어난다. 그러다 언제일지는 몰라도 결국은 킬리만자로의 한 마리 표범이 되어 밀려오는 외로움과 고독감을 오롯이 맞이하게 될 것이다.

말끝마다 부정적인 말을 하는 사람과 마찬가지로 비난부터 하고 보는 사람 역시 좋은 인간관계를 맺기 어렵다. 그런 부류의 사람은 다른 곳에 가서도 틀림없이 안 좋은 점만 골라내 말하리라 단정되어, 많은 사람이 특급 경계의 대상으로 지목하고 멀찌감치 거리를 둔다.

친하게 지내던 사람들조차도 원치 않는 뒷담화를 차단하고 괜한 논란에 휩싸이느니 아예 멀리하자는 생각에 쥐도 새도 모르게 하나둘 사라진다. 입을 열면 열수록 사라지는 속도가 더 빨라진다. 그 사람에게 자신의 모습을 보여주지 않으면 아예 생각나지 않을 것이고, 그에 따라 자신에 대한 부정적인 말도 새어나가지 않을 거란 믿음에서다.

한번은 동기 모임이 있었다. 술 한잔하며 즐겁게 얘기하는 중인데 앞에 있는 동기가 저쪽 끝에 자리한 동기를 비난하며 흉을 본다. 경쟁상대라도 되는지 비난의 말이 끊이질 않는다. 그것도 남들이 들으면 안 되는 일급 비밀이라도 되는 양 들릴 듯 말 듯 아주 조용조용하게 말한다. 그만하자고 해서 화제를 돌리기는 했으나 마음이 영 개운치 않다. 나중에 이런 소문이 들려왔다. 앞에 있었던 그 동기가 나에 대해 안 좋은 얘기를 생산하고 다닌단다. 남 얘기를 즐기거나 험담을 자주 하는 사람은 멀리하는 게 좋다. 집에서 새는 바가지는 들에 가도 새는 것처럼 언젠가는 나에 대해서도 그렇게 말할 것이기 때문이다.

비난은 최대한 하지 말아야 할 부정적인 언어다. 남에게 큰 해를 주기 때문인데 비난할 일이 있으면 대안이 있는 건전한 비평으로 바꿔 표현하는 것이 바람직하다.

화가이자 저술가인 플로랑스 스코벨 쉰은 이렇게 말했다. '삶은 부메랑이다. 우리들의 생각, 말, 행동은 언제가 될지 모르나 틀림없이 되돌아온다. 그리고 정확하게 우리 자신을 그대로 명중시킨다.' 자신이 한 말과 행동이 아무렇지 않게 지나가는 것 같아도 뿌린 대로 고스란히 되돌려 받는 게 인생이다. 삶은 부메랑이라고 했듯이 한마디의 말이라도 가려서 하고, 될 수 있으면 희망적인 말을 자주 해야 결과도 좋아진다.

사회적 관계

👤 P의 생각: 힘들게 하는 모임은 어디에나 있다.

내가 이런 사람을 계속 만나야 할 필요가 있을까, 이 모임에 참석하는 이유가 도대체 뭘까 고민하는 경우가 있다. 그런데도 살다 보면 무슨 일이 일어날지 모르는 것이고, 만에 하나 부탁할 일이 생기지나 않을까 해서 어쩔 수 없이 계속 만나게 된다.

우리는 열심히 살고 있기에 내공이 단단하게 쌓여 있다. 무슨 일이 생겨도 스스로 해결하는 경우가 많고, 부탁할 일이 아예 없을 수도 있다. 믿음이 흔들리는 관계에 시간과 영혼을 쏟으면서까지 인연을 계속 이어가야 하는지에 대해 깊이 생각해볼 필요가 있는 것이다. 나는 나이고, 내 주관이 담긴 삶이 중요하고, 있는 그대로 소중한 존재이다.

참석하고 나면 왠지 공허하다는 생각을 멈출 수 없는 회사 내 수직적인 모임이 있다. 기껏해야 1년에 서너 번 만나는 자리에서 윗사람이 얘기하면 웃는 얼굴에 지대한 관심을 보여야 하고, 차례가 돌아오면 어김없이 근사한 말과 함께 멋진 건배사를 제안해야 힘찬 박수를 받는다. 분위기는 좋아 보여도 진정한 나의 목소리는 어디에서도 들을 수 없다. 모임이 이렇게나 불편한데도 탈퇴가 쉽지 않다. 오랫동안 쌓아온 인연을 버리지 못해서가 아니라 탈퇴 후에 있을지도 모를 불이익이나 따돌림이 생각나서이다.

또 문자가 왔다. 어떤 핑계를 들어 참석이 어렵다고 해야 하나. 오랜만에 만나 신나게 웃고 떠들 시간도 모자랄 판인데 세상에 무슨 이런 경우가 다 있는지 마음에도 없는 이러한 관계가 씁쓸하다. 악연도 아닌데 관계의 짐이 참 무겁다는 생각이 든다. 세월이 흘러 지금은 분위기가 어느 정도 달라지긴 했어도 그때 그 시절의 프레임이 거의 그대로 살아있다.

모임을 만드는 주된 이유가 겉으로는 친목 도모이지만, 속으로는 개개인의 목적이 따로 있고 그 목적을 이룰 수 있다는 확신이 들 때 모임이 기다려진다.

참석하는 이유가 분명하고 존재감을 확인할 수 있는 모임, 높은 사람이 말수를 줄이는 모임이 회원 간 유대관계도 끈끈하고 분위기도 활기차다. 입사 동기나 학교 동창, 각종 동호회 등 유유상종의 사람들로 구성된 모임에서 이러한 현상을 자주 목격할 수 있는데 서로가 소중한 인격체로 동등하게 대우해주면서 오가는 대화의 격이나 양이 엇비슷해서이다.

오랜만에 만나도 회원들의 레퍼토리는 늘 그대로다. 대화의 전개도 윗사람이나 말 많은 사람 위주로 흘러가다 보니 흥미와 관심이 점점 떨어지고, 이는 만남을 꺼리게 만드는 원인이 된다.

모임의 분위기를 개선하고 활성화하는 데에 도움 될 만한 아이디어다. 모임을 개최할 때 간단한 토픽을 정해보는 것이다. 예를 들어 회칙개정, 다음 분기 행사 방향, 딥 러닝, 알파고, 부동산, 증여세, 상속세, 국민연금 등 그 소재가 무궁무진하다. 모임의 총무가 사전에 주제를 공지하고 만나서는 그 주제를 중심으로 대화를 풀어간다.

집단으로 하나의 토픽을 정할 수도 있고 포틀럭 파티처럼 개개인에게 미션을 정해줄 수도 있다. 전자는 회원 각자의 견해를 폭넓게 들을 수 있으나 책임감이 떨어져 흐지부지될 가능성이 크다. 후자는 당사자가 자신에게 주어진 과제를 직접 준비해야 해서 성공적일 확률이 높다.

가장 중요한 점은 대화에 동참함으로써 모임의 일원임을 체감할 수 있다는 것이다. 각자가 준비한 정보나 해결방안을 앞다퉈 자랑하려는 덕분에 실생활에 쓰이는 산지식도 쉽게 확보할 수 있다. 자기 발전 측면에서는 배정된 과제를 자세히 알아봐야 해서 스스로 공부할 수밖에 없고, 이는 자신을 성장시키는 기회가 된다.

👤 P의 생각: 거리두기가 관계를 살린다.

　사람은 사회적 관계와 활동을 통해 존재감을 확인받고, 일상생활과 생계에 필요한 것들을 획득한다. 그런데 여기에서 파생되는 관계의 짐 또한 보통이 아니어서 맺을수록 그 무게가 더욱 버거워지는 속성이 있다.

　단순했던 관계가 복잡하게 꼬여가는 현실 속에서 관계를 잘 맺도록 도와주는 공식이 있으면 좋으련만 적확히 맞아떨어지는 계산식이 따로 없다. 사람은 각자가 고유하고 관계 형성도 매우 복잡하다. 이러한 혼돈에서 자신을 온전히 지켜내며 건전하고 생산적인 관계를 맺어가기 위해서는 관계에 지나치게 많은 의미를 부여하지 않아야 한다. 상대방을 배려하고 존중하되 일정한 거리를 유지하면서 상식적인 경계선을 지키는 일이다.

　모든 관계에는 마땅히 지켜야 할 경계가 있다. 아무리 격의가 없는 친한 사이여도 잘나가던 관계가 한순간에 틀어지는 이유는 지키고 존중해줘야 할 기본선을 넘어섰기 때문이다.

　관계는 한번 틀어지면 원상복구가 쉽지 않다. 무슨 일이 있더라도 넘지 말아야 할 선은 넘지 않아야 하는데 이 선을 가르쳐주는 이가 아무도 없다. 보이지도 않고 만질 수도 없는 선이지만, 거리두기에서 해결책을 찾을 수 있다.

사회적 거리두기를 통해 코로나를 예방하고자 했듯이 사람들과의 관계에서도 거리두기를 생활화하여 자칫하다 일그러지기 쉬운 관계를 바로잡아갈 수 있다. 거리두기는 상대방을 멀리하려는 게 아니다. 서로가 일정한 간격을 유지하고 사생활을 보장해줌으로써 성숙한 관계를 지속하려는 시도이다.

아주 가까운 사이일수록 한 발 물러나서 일정한 거리를 두고 있는 그대로 바라보는 시선이 더 필요하다. 가까운 거리에서는 나무만 보이지 숲을 볼 수 없다. 친하다고 생각되는 사람 역시 가능한 한 이해해줘야 하고, 뭘 잘못해도 눈감아주려는 마음이 자신도 모르게 우러나 그 사람의 전체적인 진짜 모습을 보기가 어렵다. 일정한 거리를 두고 냉정으로 응시했을 때 미처 몰랐던 새로운 면모를 알 수 있다.

상대를 옴짝달싹 못 하게 하는 관심과 관여보다는 혼자만 간직하고 싶은 영역을 침범하지 않은 상태에서 자신과 상대에게 서로 일정한 공간과 시간을 내어주는 것도 건강한 관계를 맺어가는 방법이다.

온갖 관계로 지쳐가는 자신에게 필요한 것은 관계의 휴식이다. 아무도 만나지 않는 게 휴식이 아니다. 이는 현실적으로 이루어지기 어려운 일이기도 하고, 관계가 싫다고 해서 피할 수 있는 것도 아니다. 나이가 들수록 인간관계를 단순하게 가져가는 게 중요하다. 살아가는 방식에 군더더기가 없을 수록 자유롭다. 그중에서도 인간관계가 자유로워야 한다.

자신을 힘들게 하는 사람, 굳이 만날 필요가 없는 사람, 나가기 싫은 모임이 있어도 절교가 쉽지 않은 게 사실이다. 이때 적당한 거리두기를 떠올려 본다. 그러면 상대에 대한 평가와 기대치가 달라지면서 새로운 관계 설정을 생각하게 되고 전에 없던 방향이 보인다. 그래도 도저히 참을 수 없는 관계가 있는 경우 노력은 하되 아니다 싶을 땐 자신을 중심에 두고 사고한다. 심적인 휴식은 물론이고 자존감까지도 회복할 수 있다.

어떤 사람과도 관계를 아예 끊는 것은 좋지 않다. 좋았던 평판이 한순간에 무너질 수도 있고, 좋았던 인연이 끈질긴 악연이 될 수도 있다. 관계가 단절된 상태에서는 누구나 자신을 옹호하면서 상대를 비난하지, 자신의 잘못이라거나 반성하는 사람은 아무도 없다.

어쩔 수 없이 누군가와 관계를 끊어야 한다면 감정을 앞세우는 게 아니라 상대의 감정을 건드리지 않은 상태에서 서서히 정리하여 상대방의 오해를 사지 않는 게 중요하다. 관계를 청산함에 따라 허전할 것 같은 빈자리는 시나브로 새로운 사람과 새로운 일로 채워지기 마련이다. 그리고 우리는 지금까지 성실히 살아왔기에 서로에게 유익하고 선한 영향을 주고받는 관계가 더 많을 것이다.

👤 P의 생각: 이런 사람 굳이 만날 필요 없다.

관계에는 동전처럼 양면성이 있는 게 확실하다. 너무 멀어지면 외로워지고 너무 가까워지면 지치게 된다는 것. 멀어지는 것은 세월 따라 잊히는 서운함에 그치지만, 가까워짐은 시간이 지날수록 감당하기 어려운 불편함을 남기는 경향이 있다. 멀지도 않고 가깝지도 않은 사이가 최대의 관건으로 아름다운 관계는 진심 어린 배려와 존중을 통해 이루어지고, 좋은 관계는 좋은 것들이 투자되어야 만들어진다.

인생의 좋은 경험 역시 좋은 관계를 통해 형성되는데 이를 모르는 것인지, 알면서도 무시하는 것인지 보기에도 민망한 행동을 반복하면서 관계를 어렵고 힘들게 만드는 소인배가 어딘가에 꼭 있다.

① 자신을 너무 사랑하는 사람이다.

자기애가 철철 넘치는 사람을 조심해야 한다. 옷에 먼지가 조금만 묻어도 손가락으로 탈탈 털어내고, 신발을 깨끗이 털고 나서 자기 차에 타라 하고, 여럿이 식당에 갔는데 자기 입맛에 맞는 음식만 먹자고 한다. 남들이 불편해도 자신만 편하고 좋으면 아무런 문제가 없다. 오로지 자신만을 위하는 작태가 눈에 훤히 보이는 데도 굉장히 양심적이고 배려심 넘치는 사람처럼 군다.

어떤 문제를 해결하고 판단할 때도 이기적이다. 모든 일이 자신을 중심으로 돌아가야 한다는 헛된 생각에 사로잡혀 남들의 상황이나 관점은 안중에도 없다. 자신을 너무 사랑하는 이런 사람의 눈에 내가 있을 리 없고, 있다고 해도 존재감이 아주 미미할 것이다.

② 나를 소중히 여기지 않는 사람이다.

좋을 때는 교양이 넘치고 담대하기가 이를 데 없으나 결정적인 순간에는 안면을 바꿔 낮잡아 보는 사람이 있다. 어려운 일이 있을 때 무슨 일이든 다 도와줄 것처럼 천연덕스럽게 얘기해 상대의 환심을 사놓고는 갑자기 일이 생겨 작은 부탁이라도 하면 본인은 열심히 살아왔기에 이렇게 성장했다고 하면서 부탁하는 자체를 못난 사람, 부족한 사람으로 이분한다. 안 되는 이유를 들어 보면 무슨 자격증이 있어야 하고, 돈이 많이 들어가고, 시간이 오래 걸린다는 등 즉시 해결이 어려운 문제들이다. 생각해보니 도와줄 마음이 애초부터 없었던 것 같다. 자존감에 상처를 입는 건 물론이고 속았다는 느낌마저 든다.

나를 대수롭지 않게 대하는 그 사람의 힘이 아무리 세더라도 자주 만나지 않는 것이 자신을 바로 세우는 행동이다. 내게 필요한 사람은 따로 있다. 뭔가를 도와주려는 사람도 고맙지만, 나의 존재를 인정해주고 내 말을 들어주는 사람이다.

③ 베푸는 호의와 친절을 당연하게 받아들이는 사람이다.

불편한 관계가 싫어 양보하고 베풀었는데 대수롭지 않다는 듯 표정 하나 변하지 않고 잘도 받는다. 시간이 지나고 좀 더 가까워졌다 싶으면 우정을 미끼로 삼아 요구하는 횟수가 많아지고, 그 규모가 슬금슬금 커진다. 유감스럽게도 정작 자신은 자신의 요구가 어떠하다는 것을 전혀 의식하지 않는다는 점이 더 크고 심각한 문제다.

세상에 당연한 친절과 배려는 없다. 일방적으로 주거나 받는 것이 아니라 남들에게 주기도 하고 받기도 해야 한다. 모든 관계는 서로가 주고받는 것에서 출발하는 법이다. 밥을 두세 번 얻어먹었으면 적어도 한 번은 사야 하고, 누군가로부터 호의를 받았을 때도 반드시 돌려줘야 한다. 그래야만 관계다운 관계가 형성될 수 있다.

을과 같은 불평등한 관계에서 벗어나는 길은 그 사람이 스스로 개선되기를 바랄 게 아니라 아예 그 사람의 눈에 띄지 않도록 조용히 사라지는 게 더 낫다. 다만 악연으로 끝나는 것을 조심해야 한다.

인맥

👤 **P의 생각: 인맥은 투자가 있어야 깊어진다.**

인간은 서로 돕고 사는 게 인지상정으로 이로운 사람을 많이 아는 것이 훗날 소중한 자산이 된다. 행운이란 사람에게서 오는 것이기 때문이다.

여러 사람과 동시에 치열한 경쟁을 해야 하거나 힘든 일을 겪고 있는 경우 누군가의 도움이 절실하다. 출세나 성공의 갈림길에 있는 사람은 더욱 그러한데 이럴 때 '인맥이 정말로 중요한 것이구나.'를 떠올리게 된다.

우리 사회가 학연이나 지연으로 대표되는 인맥에 집착하고 또 이것이 문제가 되어 사회적으로, 경제적으로 큰 불협화음을 일으키고 있다는 점은 삼척동자도 아는 일이다. 인맥이라 하면 찜찜한 연줄을 주로 떠올리듯이 부정과 부패, 편 가르기, ㅇㅇ 찬스가 먼저 연상되는 것도 과거의 역사에 비추어봤을 때 전혀 이상하지 않다. 불공정하면서도 편파적인 인맥 활용이 빚어낸 결과다.

그렇다고 인맥이 꼭 나쁜 것도 아니고 적대시할 필요도 없다. 사회의 모든 것이 오직 실력으로만 판가름 나지 않는다. 빠른 정보, 우호적 평판, 우연한 기회 등에 의해서 결정되는 사례가 적지 않다. 여러 가지 요인이 승패를 가르는 예측불허의 환경에서 다소나마 위안이 되고 힘이 되는 백기사가 바로 인맥이다.

이들을 통해 자신이 모르는 수준 높은 정보를 얻을 수도 있고, 다양한 재능을 지닌 사람을 만나 전문지식을 쌓을 수도 있다. 때로는 각별한 인연을 만나 전혀 다른 삶을 살기도 한다. 이처럼 어떤 인맥을 만나고, 어떻게 활용하느냐에 따라 현재의 내 가치와 미래의 인생이 달라진다.

개인적인 욕심에 인맥을 ○○ 찬스로 확대 연결하려는 사람이 있다. 이는 얼마 가지 못해 필연적으로 끊어질 수밖에 없다. 자신의 특혜와 이득만을 노리기 때문인데 ○○ 찬스가 공정경쟁을 무시하는 부정과 부패의 산물이라면 인맥이라는 것은 오랫동안 사람들과의 관계를 진정성 있게 쌓아가는 과정에서 생기는 부가가치이다.

인맥이라고 해서 모든 일에 긍정적인 역할만 하는 건 아니다. 어느 때는 감당하기 어려운 부담만 안기는 인맥도 있다. 인맥다운 인맥을 형성하려면 관계에 부담을 주는 인물은 인맥의 범주에서 제외해야 한다. 간단한 제안을 통해 쉽게 검증할 수 있다. 상대에게 작은 부탁을 해보는 거다. 부탁받은 일을 조금도 싫은 기색 없이 자기 일처럼 흔쾌히 수락하면 진성 인맥으로 봐도 무방하다. 만나면 상냥하고 친절했던 사람이 어떤 부탁을 하자 돌연 정색하면서 냉정해지면 건성 인맥이다.

건성 인맥은 지금 당장은 아니어도 이해득실이 따르는 문제가 발생하면 기어코 그 본성을 드러내고야 말아 가만히 있는 자신에게 심각한 타격을 입힐지도 모른다. 사람은 위기가 닥쳤을 때 적과 동지가 확연히 구분되는 법이다. 긴긴 인생에서 힘 있는 인맥보다 더 중요한 사람은 자신을 인간적으로 존중하고 응원해주는 평범한 주변인들이다.

자신만의 독특한 인맥 관리 기법을 찾기 위해 인터넷을 향해하는 사람이 많다. 첨단기술이 최적의 솔루션을 아무리 잘 제공한다고 해도 그 사회와 기술의 바탕을 이루는 주체는 바로 사람이다. 사람이 모든 문제와 문제의 답을 쥐고 있다.

흔히들 인맥 관리라는 말을 아주 쉽게 언급하는데 인맥이란 관리한다고 해서 금방 신뢰할 만한 관계가 되지 않는다. 그래도 인맥이 필요할 것 같고 우호적인 관계를 원한다면 신뢰와 존중, 투자가 따라야 한다. 사람 그 자체를 좋아하고 상대를 존중하려는 인간성이다. 개인적인 이득을 취하기 위해 그 사람의 직을 이용하려고 하면 상대가 먼저 이를 간파하고 일찌감치 거리감을 둔다.

인맥 관리에서는 연락유지가 무엇보다 중요하다. 자주 만나지 못해도 연락은 수시로 해야 하는데 그 수단은 문자보다는 목소리를 들을 수 있는 전화가 낫다. 목소리를 통해 상대의 감정을 알아채고 자신의 의사도 충분히 전달할 수 있다. 가끔은 따로 만나 밥도 사고, 얼굴도 비춰야 상대에게 기억된다. 애경사가 있을 때는 망설임 없이 봉투도 좀 내밀고, 힘든 사람이 있으면 유불리를 따지지 말고 흔쾌히 도와준다.

이러한 투자가 인맥을 두텁게 만들어주는 것이지 입으로만 인맥을 거론하면서 시간과 믿음을 투입하지 않으면 제대로 된 인맥을 만들기 어렵다. 인맥이란 어느 날 하늘에서 뚝 떨어지는 행운의 사과가 아니라서 관리의 수준을 넘어 지속적인 투자가 있어야 좋은 결실을 볼 수 있다.

사단법인 남북문화교류협회 김구회 이사장과의 인연이 있다. 중소기업을 경영하고 있는 그는 우리 민족의 통일과 번영에 대한 열정이 가득하다. 그러한 염원은 필요하고 배워두면 좋을 것 같다는 생각에서 만날 기회를 엿보던 차에 지인의 소개로 인사를 나누게 되었다.

첫 만남 이후 가끔 안부 전화도 하고, 협회 세미나에 참석하여 기부도 하고, 식사도 같이하다 보니 만날수록 신뢰감이 생겨났다. 이러한 신뢰와 투자가 바탕이 되어 개인적인 자리에 초대를 받았고, 서로에게 유익한 관계로 발전하여 선한 인연을 이어가고 있다.

살다 보면 인맥에 지쳐 다이어트가 필요하다는 생각이 문득 드는 경우가 있다. 자신을 성장시키고 삶을 풍요롭게 하려고 인맥을 찾는 것인데 역으로 인맥에 시달려 자신만의 시간이 줄어들고, 자기 존재감이 흔들리면서 위축되고 왜소해질 때이다. 이러한 의구심이 자꾸 든다면 다이어트가 필요하다는 알림이다. 알람이 울리면 무엇보다 자신을 먼저 챙겨야 한다.

〈사단법인 남북문화교류협회〉

사단법인 남북문화교류협회는 민족 통일에 대한 국민적 공감대 형성에 그 목적을 두고 1991년에 창립된 통일부 산하 민간단체로서 반세기 넘게 끊어진 민족의 혈맥을 잇고 한민족 고유의 동질성을 회복하는 데에 주력하고 있다. 7천만 민족의 염원인 남북의 평화적 통일을 위하여 32년여 동안 정부와 긴밀하게 협력하면서 통일을 앞당기는 데 선도적이고도 모범적인 단체로 성장했다.

명실공히 사회 공인단체로서의 면모를 갖춘 남북문화교류협회는 통일 문제에 관한 국민적 합의와 소통을 확대하는 방안으로 210여 차례의 통일정책강연회 및 통일문제 학술 세미나 개최, 새터민과 대학생·대학원생 장학금 후원, 북한방문 등 다양한 행사를 주관하면서 민족의 평화통일에 앞장서고 있는 건실한 단체로 인정받고 있다.

2022년 중임에 성공한 김구회 이사장은 다음과 같은 포부를 조용히 밝히면서 평화통일에 작은 밀알이 되겠노라고 다짐했다.

"남북문화교류협회와는 1996년부터 인연을 맺어오다가 중앙회장을 거쳐 현재 이사장을 역임하면서 27년간 협회와 함께 동고동락하며 통일의 염원을 키워왔습니다.

군 복무 중 베를린 장벽 붕괴와 함께 동서독이 통일되는 모습을 두 눈으로 지켜보면서 우리도 언젠가는 독일처럼 통일이 이루어질 것으로 확신하고 남북관계에 관심을 두게 되었습니다.

또한 분단국가인 우리나라가 추구해야 할 길임이 분명하기에 북한에 대해 좀 더 체계적이고 깊이 있게 알아야 하는 등 통일과 관련된 전문지식과 사전준비가 필요할 것으로 판단되어 주경야독하면서 북한전공 정치학박사 학위를 취득하였으며 영광된 통일 조국을 우리 후손에게 물려주자고 다짐했습니다.

철의 장막으로 오랜 기간 이질화되어온 민족문화의 동질성을 회복하는 방안의 하나로 우리 민족의 전통의상인 한복을 주제로 삼아 분단의 상징인 임진각에서 평화통일 염원 한복 페스티벌 등 DMZ 아리랑을 구상하고 있습니다.

이 행사가 문화교류의 한 축으로 자리매김하는 경우 한복을 매개로 남북이 하나임을 공감하게 될 것이고 장기적으로는 청년들에게도 선한 영향을 끼쳐 무관심이 아닌 관심과 참여를 유도해내는 등 남북문화교류가 통일의 디딤돌이 되어 우리 민족의 담대한 청

사진도 멋지게 그려볼 수 있을 것입니다.

언어나 문화 자체의 이질감 극복을 통해 남북의 청년 모두가 공감하는 목표지향점을 찾아냄으로써 남북평화통일이 앞당겨지길 간절히 소망하면서 나날이 발전하는 협회가 될 수 있도록 최선의 노력을 다하겠습니다."

○○ 찬스

👤 P의 생각: ○○ 찬스는 불공정한 게임이다.

    공정과 정의가 화두인 시대다. 인터넷을 조회하다 보면 이 말과 상관이 없을 것 같은 '찬스'라는 단어가 관련 용어로 자주 등장한다. 긍정적인 의미가 꽤 많은 단어가 '찬스'인데 시대가 그래서 그런지 줄, 학연, 지연 등을 동원하여 사적인 이득을 취하는 나쁜 행위로 간주하고 있다.

    헌법 제11조 제1항에는 '모든 국민은 법 앞에 평등하다.'고 쓰여 있다. 세계 각국에서도 소리 높여 공정무역을 외친다. 공정무역은 경제선진국과 개발도상국 간 불공정 무역구조로 인해 발생하는 부의 편중, 노동력 착취, 인권 침해 등의 문제를 해결하기 위해 대두된 무역형태이자 사회운동으로 전 세계가 동참할 필요가 있어 보인다.

    지혜로운 우리 국민 역시 연일 공정과 정의를 외치는 와중에 아빠 찬스를 이용해 모기업에 취업했다는, 모자라는 실력인데 엄마 찬스를 써 대학에 부정 편입했다는, 학교 선배를 통해 개발 특혜를 받았다는 등의 소문이 평범한 시민들을 슬프게 만든다. 이러한 소식이 더 자주 강하게 등장하는 이유는 국민 대다수가 정의롭고 공정하게 살고자 하는데 역설적으로 우리 사회가 불공정하다고 생각하기 때문이다. 고도로 경계해야 할 잘못된 찬스 게임이 그 형태를 달리하여 직장에서도 심심치 않게 벌어지고 있다.

승진이 임박한 직원 A와 B가 있었다. A 직원이 B 직원보다 업적이나 평판이 더 좋아 다들 이번에는 A 직원이 승진할 것으로 예상했다. 그런데 생각지도 않은 B 직원만 승진했다. 자세한 내막은 알 방법이 없으나 B 직원이 누구와 친하고 대학 후배라는 소문이 들린다. 인사와 관련해서 직원들이 말을 아끼고는 있어도 알 것은 다 알아 B 직원이 누구 찬스를 썼다고 추정할 것이다.

소문이 진짜로 확인되는 경우 조직에서 추진하는 일의 수용성이 떨어지고, 나아가 경영진에 대한 불신과 불만으로 이어진다. 유사한 일이 계속 벌어진다면 직원들은 무엇이든지 빠르게 흡수하는 스펀지에서 이제는 어떠한 것도 받아들이지 않는 스티로폼으로 변하게 된다. 석고상처럼 딱딱하게 굳어 꼼짝을 안 하는 것이다.

찬스가 통하는 직장에서는 어떤 일이 벌어질까? 굳이 말하지 않아도 짐작이 간다. 꼭 해야 하는 본연의 업무는 뒷전인 채 자신이 필요로 하고 자신에게 유리한 기회를 잡기 위해 윗사람을 대하는 의전이 극치를 이룬다. 기득권을 지키려는 사적 모임도 성행한다. 힘 있는 이너써클에게는 비굴할 정도로 예의를 갖추면서도 심지가 곧고 공정한 상사는 꾸어다 놓은 보릿자루 취급한다.

신선놀음에 도낏자루 썩는 줄 모른다고 했다. 찬스 게임이 춤을 추는 조직은 도낏자루 썩듯이 그 조직의 심장부가 야금야금 멍들어 결국은 썩고 말 것이다. 찬스로 얻은 자리는 결코 오래가지 못한다. 실력이 얕아 얼마 지나지 않아 그 밑천을 드러낸다. 더군다나 당사자는 물론이고 찬스가 되어준 사람도 부당 행위가 들통날까 봐 마음속 깊은 곳에 불안감을 달고 살아야 한다.

찬스는 모두가 단호히 거부해야 할 불공정한 게임으로 공정사회에서는 아무런 가치가 없는 잘못된 계산식이다. 더 중요한 일은 훗날 찬스 경위를 알게 된 사람들이 찬스 이용자를 비난하며 가까이하지 않으려 하고, 찬스 제공자 또한 과거에 떳떳하지 못했던 자신의 처신을 책망하며 가슴 깊이 후회하게 될 것이라는 점이다.

기울어진 운동장 아래편에 있는 사람들이 그 경사를 보고 과연 공을 차고 싶은 생각이 들까? 모르긴 몰라도 위쪽을 쳐다보며 게임을 그만두거나 축구화를 내팽개치고 운동장 밖으로 나갈 것이다. 직장에서 찬스 없이 성실하게 일하는 평범한 사람들도 찬스로 잘되는 인간을 보면 맥이 풀려 일할 맛이 나지 않는다.

중차대한 일이거나 결정적인 고비일수록 찬스를 동원하려는 사람이 많다. 이는 나만 잘되면 그만이라는 내로남불의 결정체로서 찬스가 아니라 실력과 성과로 정정당당하게 임하고, 그에 따른 결과를 겸허하게 수용할 줄 알아야 한다. 조직에서는 불공정한 찬스 이용자를 무시하는 한편, 그에 편승하려는 사람을 과감하게 도려내면서 모두가 공감할 수 있는 평가 시스템을 만들고, 공정하기 위한 필사의 노력을 기울여야 한다. 그래야 열심히 일하자는 공감대가 형성되고, 조직의 발전도 기대할 수 있다.

2021년 해병대 사령관으로 전역한 예비역 장군과 얘기할 기회가 있었다. 자신의 생활신조이자 그가 힘주어 한 말이다. "군대에서 군인에게 필요한 것은 군기와 사기다. 군기가 빠지면 군대가 무너지고, 사기가 떨어지면 전쟁에서 이기기 힘들다." 우리가 속해있는 조직도 이와 다를 게 없어 군기와 사기를 동시에 필요로 한다. 근무 기강 확립과 사기진작책이 패키지로 요구되는 것이다.

흠 없는 구슬

👤 P의 생각: 이 세상에 완벽한 것은 없다.

책꽂이에 책을 꽂을 때 각과 선을 정확하게 맞추려고 애쓴다. 책 하나가 삐딱하다 싶으면 똑바로 세우고 튀어나온 책은 뒤로 살짝 밀어서 칼같이 맞춘다. 눈에 띄는 틈새가 있으면 다른 책을 얼른 끼워 흔들림 없이 꽉 채워야만 마음이 놓이고 완전해 보인다.

이러한 나를 보고 아내는 항상 불만이다. 너무 답답해 숨을 못 쉬겠다는 거다. 공간도 좀 있고 삐뚤삐뚤해야 자연스럽다면서 빈틈없이 꽉 채우면 그게 벽이지 책꽂이냐고 핀잔을 준다. 나만의 완벽 추구가 보기 좋게 완패하는 순간이다.

이처럼 공간 없이 보기 좋게 딱 맞춰 책을 꽂으면 언뜻 질서가 정연하고 완벽해 보여도 모든 사람이 그것을 다 질서라고 생각하는 게 아니었다. 도리어 지나친 완벽 추구가 답답함이 되었고, 융통성이 없어 보여 회사생활이 걱정된다는 핀잔까지 들었다. 지금은 책꽂이에 빈틈이 많아 느슨하다.

제아무리 명성 있는 조각가라 할지라도 얼굴을 조각할 때 일정한 요령이 있다고 한다. 작업을 시작할 때 예상보다 코는 크게, 눈은 작게 하는 것이다. 그래야 나중에 자신이 구상한 대로 코를 깎고, 눈을 크게 할 수 있다. 한 치의 오차도 없이 완벽하게 하려는 마음에 처음부터 눈과 코를 딱 맞게 하면 마무리 단계에서 전체적인 조화가 맘에 들지 않아도 작은 코를 다시 크게, 큰 눈을 다시 작게 할 수 없다.

이러한 실수를 줄이는 방법은 나중에 수정할 수 있도록 처음부터 얼마간의 여지를 남겨두는 일이다. 아궁이에 불을 지필 때 장작을 꽉 채우면 불이 붙지 않는다. 공기가 통할 수 있게끔 장작 간 거리가 듬성듬성해야 불이 잘 붙고 화력이 좋아지는 원리와 같다.

모든 일을 완벽하게 해내려고 하거나 자신의 능력이 남보다 뛰어나다고 믿는 사람은 시작부터 '예'와 '아니오'를 분명히 한다. 일을 완벽하게 처리할 수 있다는 자신감도 넘친다. 그러다 온갖 것을 다 해도 자신이 원하는 만큼 완벽해지지 않을 때, '어 이게 아닌데'라는 의구심이 생길 때 분명히 해두었던 언행이 오히려 걸림돌이 되고 만다.

길을 걷다가 돌부리에 툭 걸려 넘어질 수 있는 것처럼 준비와 실행이 아무리 완벽해도 누구나 잘못될 수 있는 일인데 이를 겸허하게 받아들이지 못하고 자신을 나무라며 좌절하는 사람이 있다. 하던 일이 완벽하지 않더라도, 설령 실패하더라도 그런 자신에 대해 조금 더 너그러워져야 한다.

이 세상에 완벽한 사람은 없다. 완전한 사람은 있다. 약함과 강함이 함께 존재하는 사람이다. 스스로 해결하기 힘든 일이 있거나 고난을 마주했을 때 남에게 도움을 요청하는 것은 당연하지 이를 자책하거나 부끄럽게 생각할 일이 아니다.

대부분이 얼핏 보기에 약간만 더 노력하면 완벽해질 것이라고 추론하지만, 존재하지 않는 완벽을 지나치게 찾는 경우 부작용이 따르기 마련이다. 최고의 선택을 해서 완벽한 결과를 내야 한다는 중압감에 시달려 어떤 일을 시작조차 못 하게 되고, 결국에는 마감 시한에 쫓겨 엉뚱한 선택을 하거나 하잘것없는 결과물을 내놓을 가능성이 크다.

다른 사람을 믿지 못하고 자신이 꼭 해야 한다는 강박관념 또한 버려야 한다. 완벽에 대한 강박관념은 불안, 의심, 고독을 불러오기 때문에 완벽함에 집착할수록 고통에 시달릴 뿐이다.

완벽 집착증을 다소나마 벗어나는 길은 자신이나 타인 모두 허점투성이라는 사실을 깔끔하게 인정하고, 자신과 자신이 하는 일에 배포 큰 아량을 베푸는 것이다.

굽은 소나무

👤 P의 생각: 평범함은 부족함이 아니다.

소나무는 전국 어디를 가나 사시사철 볼 수 있고, 추운 겨울에도 품위를 잃지 않는 정감이 가는 나무다. 우리 조상들은 선산에 묘지를 조성하면 그 주변에 소나무를 빼곡히 심었다. 세월이 흘러 튼튼하고 곧게 자란 소나무는 집 짓는 데 기둥이나 서까래로 쓴다고 가져가고, 집안의 어르신이 돌아가시면 관 짜는 데 쓴다고 베어가고, 심지어는 그 나무를 탐낸 사람들의 손을 타기도 한다.

이제 선산 주변에는 그동안 보잘것없어 쳐다도 보지 않았던 굽은 소나무가 홀로 남아 선산을 지키는 꼴이 되었다. 몸통은 이리 휘고 저리 굽어 크게 쓸모는 없어도 가지는 쭉쭉 뻗어 여름이면 선산을 찾는 후손들에게 시원한 그늘을 내어주고, 한겨울에는 묘지의 바람막이 역할을 해준다.

곧고 반듯하게 자란 나무만 귀하게 여기고 굽은 나무는 신경도 쓰지 않는데 옛날에 눈길조차 받지 못했던 그 나무가 세월이 흐르면서 당당하게 선산을 지키는 상황으로 변해버렸다. 항상 열외 취급받던 굽은 소나무는 곡선이 있어 아름답고, 뭔가 부족한 것 같아도 묵묵히 제자리를 지켜내는 믿음직한 모습까지 보여준다.

굽은 소나무가 선산을 든든하게 에워싸고 있듯이 그저 평범한 사람들이 우리 사회를 지탱하는 버팀목이다. 너무 평범해서 남보다 잘난 것도 없고, 하는 일도 그저 그렇고, 자신감 있는 일이 하나도 없다고 하면서 자신을 스스로 저평가할 이유가 하나도 없다. 이 사회를 건강하게 지켜가는 기둥이야말로 평범한 우리이다.

과장·차장 시절 함께 근무했던 동갑내기 직장동료가 있다. 근면 성실하고 심성이 착해서 법이 없어도 살 사람이라는 칭찬이 자자했으나 지점장까지 올라가지는 못했다. 못 본 지가 꽤 된 것 같아 오랜만에 전화했더니 단박에 밥이라도 먹자고 해서 이틀 뒤로 약속을 잡았다. 서울 명동에서 만나 칼국수를 먹고 수다를 떨다가 한 달 후에 또 만나자는 약속을 하고 헤어졌다. 약속을 바로 잡은 이유는 아주 평범한 동료라서 대화하기가 서로 편하기 때문일 것이다.

친구라고 다 같은 친구가 아니다. 평범한 성품을 가진 친구에게 마음이 더 끌린다. 우수한 성적을 포함하여 말을 잘하거나 유행가를 잘 부르는 친구들은 학교 다닐 때 인기가 꽤 있다. 사회에 나와도 그러한 친구들은 잘되는 경우가 많은데 어딘지 모르게 가까이하기 어려운 면이 있다. 질투심 때문인지 자주 연락하기도 꺼려지고, 어쩌다 얼굴이라도 보고 싶어 전화하면 늘 바쁘다고 한다.

별다른 특징이 없는 평범한 친구는 그렇지 않다. 전화하면 금방 나오고, 무슨 약속이든 부담이 가질 않아 술 한잔하자고 하면 '좋지. 언제 할까?'라며 기다렸다는 듯이 되물어 온다. 사실 학교 다닐 때 그다지 친하지 않아 이름조차 가물가물한데 만나다 보니 지금 잘된 학창 시절 친했던 친구보다 오히려 평범한 이 친구와 더 가까워진다.

잘된 친구는 냉정한 충고나 송곳 같은 말을 많이 한다. 반면에 이 친구는 무슨 얘기를 해도 받아주고 이해하면서 힘들어할 때 충고보다 위로의 말을 더 자주 해준다. 처지가 비슷해서일까 말 그 자체가 너무 공감적이다. 만날수록 이 친구는 보통이 아니라는 생각이 들면서 평범함이 뿜어내는 위력을 새삼 느끼게 된다.

사회학자 대니얼 챔블리스는 수영 선수들의 동작을 분석해 '최고의 성과는 배우거나 우연히 알게 된 수십 개의 작은 기술이나 활동이 합쳐진 결과'라고 결론 내리면 '평범함의 위력'이라는 용어를 만들어냈다. 간단히 말해 탁월함의 본질은 평범함이며 탁월한 성과는 엄청난 도약이나 타고난 재능이 아니라 작은 행동을 반복함으로써 이룰 수 있다는 것이다. 평범하다는 말은 뛰어나거나 색다른 점이 없는 보통임으로 평범함은 부족함이 아니다. 안타까움도 아니다. 오히려 무언가를 채울 공간이 널찍하고, 남을 진심으로 인정하면서 칭찬도 아끼지 않는다.

직장동료를 봐도 그렇다. 남보다 성공한 직급 높은 사람이 아니라 성격이 두루 원만하면서 잘난 체하지 않는 평범한 동료가 주변으로부터 많은 사랑을 받는다. 아이러니하게도 동갑내기 동료처럼 사랑은 많이 받으면서도 받은 만큼 올라가지 못한다는 게 안타까울 뿐이다.

평범하게 사는 것이 인생의 목표라고 하는 사람이 많으나 타고난 성품, 평범함에 대한 기준, 돌발상황 발생 등 수많은 변수가 도사리고 있어 평범해지기가 쉽지 않다. 그런데도 대다수가 탁월해지기는 어려워도 평범해지는 것은 그냥 되는 일 아니냐고 한다. 이처럼 거꾸로 생각하니 평범한 사람 되기가 점점 어려워진다.

잘하려고 눈치 보지 말고, 출세하려고 애쓰지 말고, 행복해지려고 의식하지 않는 게 중요하다. 굽은 소나무처럼 있는 그대로의 자기 모습을 거울로 삼으면서 보편적 가치에 중심을 두고 자신의 철학대로 살아가는 삶이 평범함일 것이다.

행복 창출

👤 P의 생각: 노력하는 과정에서 행복이 나온다.

전국의 100대 명산 완등에 도전하고 있는 친구들을 만나 우연히 산에 오른 옛날부터 알고 지내던 권 부장은 친구들과 함께 처음 두세 개의 산을 오르고 나서 자신도 도전하고 싶은 마음이 생겼다고 한다. 친구들이 멋있어 보였고 매너리즘에 빠진 자신에게 새로운 전환 동력이 필요했단다.

하다 보니 재미와 탄력이 붙어 주말이면 산으로 향했다. 여름휴가 때는 일주일에 네 개의 산을 오르기도 했다. 명산을 하나씩 완등하면서 자신이 목표로 한 산을 다음 주에 또 오를 수 있다는 생각에 주말이 몹시 기다려졌고, 회사에서 일하는 주중 5일이 그렇게 즐거웠단다.

1년 이내에 완등해보겠다는 의지와는 별개로 명산이 제주도에서 강원도까지 전국에 뿔뿔이 흩어져 있고, 주말이 되어야만 산에 오를 수밖에 없는 직장인의 시간적인 제약 때문에 예상보다 늦은 399일이 되어서야 100대 명산을 모두 올랐다. 이에 대한 보답으로 권 부장은 아웃도어 전문회사로부터 100대 명산 완등 인증패를 받았다. 그가 남긴 말은 목표로 선정했던 산에 오르고, 산행에 필요한 것들을 준비했던 지난 2년이 참 행복했다는 것과 등산을 자주 하다 보니 산의 웅장함에 압도되어 산을 '정복'한다는 생각이 저절로 사라지더라는 것이다.

목표가 있어 행복했다고 하는 권 부장의 경우처럼 목표에는 사람을 스스로 움직이게끔 하는 힘이 있고, 그것을 달성하고자 노력하는 과정에서 크고 작은 행복감을 느끼게 된다.

숱한 고난과 역경을 극복하고 원하던 목표를 달성하면 자신감과 함께 큰 행복감이 몰려온다. 그러나 아쉽게도 그 생명력이 너무 짧아 잠시의 행복을 경험하고 나서는 곧장 원래 상태로 돌아간다. 열정적으로 노력해 입사 동기보다 먼저 승진한다 해도, 마라톤 경주에서 전속력으로 달려 1위로 골인한다 해도 기쁨은 잠시뿐이지 기대만큼 오래가지 않는다.

복권에 당첨되어 어마어마한 돈이 생긴다 해도 장기적으로는 행복의 크기와 길이를 좌우하지 않는다. 일시적으로야 엄청나게 큰 행복을 주지만, 높아진 상태가 머지않아 예외가 아닌 일상이 되어 더는 행복으로 연결되지 않기 때문이다. 전문가들에 따르면 노력의 결과에 대한 행복의 여진은 길어야 이삼일 혹은 일주일이란다. 오히려 결과에서 나오는 짧은 순간의 행복보다 준비하고 노력하는 과정에서 나오는 즐거움과 감동이 더 크거나 많다.

여행을 떠올리면 쉽게 이해가 간다. 목적지에 도착했을 때의 감동도 감동이지만, 여권 사진을 찍고 여행에 필요한 물건을 사고 캐리어에 짐을 꾸리면서 웃고 떠드는 경쾌한 과정이 더 즐겁고, 가슴이 설레며, 기억에도 오래 남는다.

행복은 절대 기준도 없고 한마디로 정의하기도 어렵다. 그 기준이 각자 다르고 상황에 따라 다양하게 해석된다. 자신을 기획하고 스스로 목표를 설정한 후 노력하는 과정은 행복 창출에 있어 아주 의미 있는 일이다. 목표 달성에 성공했든, 아니면 실패했든 간에 시간이 흘러 먼 훗날, 대부분이 과거를 회상하며 '열심히 살았던 그때가 좋았어.'라고 한다. 목표를 이루려고 노력했던 과정이 행복인 셈이다.

꿈이 있으면 가슴이 설레며 행복하다. 목표가 있으면 가는 시간이 아까우면서도 내일이 기다려진다. 가슴을 설레게 하는 일이라면 무엇이든 괜찮다. 오늘 하루, 일주일, 한 달의 목표를 세우고 그것을 향해 달려보는 거다. 결과를 얻기 위해 노력했던 과정과 그 과정에서 쏟아져나온 산물을 놓고 봤을 때 행복이란 어느 한 방향 끝에 있는 결과물이라기보다 노력하는 과정에서 자동으로 생성되는 부가물이다.

지금이라는 선물

👤 P의 생각: 중요한 건 바로 지금이다.

'당신에게 가장 중요한 시기는 지금이고, 가장 중요한 일은 지금 하는 일이며, 가장 중요한 사람은 지금 만나고 있는 사람이다.' 소설가이자 사상가인 레프 톨스토이의 말이다. 스펜서 존슨 역시 'The Present'라는 글을 통해 가장 소중한 선물은 '지금'이라고 했다. 묘하게도 현재 또는 지금을 의미하는 'The Present'는 '선물'이라는 뜻으로도 해석된다. 지금은 누구나 가져도 되는 선물인가 보다.

이 세상에 없어서는 안 될 세 가지의 금이 있다. 황금과 소금 그리고 지금으로 황금은 돈을, 소금은 음식을, 지금은 시간을 상징한다. 노력하기에 따라 황금과 소금은 나중에 다시 얻을 수 있으나 시간과 기회는 한 번 놓치면 그것으로 안녕인 경우가 많다. 인생을 살면서 생애의 시계는 딱 한 번 멈추지만, 내 손목의 시계는 언제 어디에서 멈출지 아무도 모른다. 잘 다니던 회사에서 퇴직을 당할 수도 있고, 사랑하는 연인이 갑자기 이별을 고할 수도 있고, 갑작스러운 사고로 내 생애의 시계가 진짜 멈출 수도 있다. 이는 지금 느껴지는 것, 지금 하고 싶은 것에 집중하면서 더 당당하게 살아야 하는 명분이 된다.

문득 생각이 나서 연락하면 시간 날 때 보자며 만남을 기약 없이 미루는 사람이 있다. 이런 사람은 만나기가 싫은 건지, 보고 싶은 마음이 없는 건지 속 깊은 마음을 알 길이 없고 그렇게 미루고 미루다 결국은 1년에 한 번 보기도 어렵게 된다. 반면에 조금도 망설이지 않고 즉석에서 약속을 잡는 이가 있다. 이처럼 약속을 잡는 타이밍에도 사람마다 차이가 있는데 지금 당장 약속을 잡는 이에게 신뢰가 간다.

미안하고, 사랑하고, 고마워해야 할 소중한 사람이 있을 때도 그 감정을 지금 말해야 상대가 알 수 있다. 자신은 입이 무거운 편이라면서 차일피일 미루다 말할 기회를 영영 놓치고 나서 후회해본들 아무 소용이 없다.

불편한 마음이나 주체하기 힘든 감정도 지금 풀어야지 내일로 연장하면 또 다른 하루가 불편하게 시작되고 그것이 쌓여 전에 없던 병까지 생겨날 수 있다. 직장에서도 오늘의 일을 내일로 미루지 말고 지금 바로 처리하고 퇴근해야 마음도 편하고 발걸음도 가볍다.

한 푼이라도 아끼려고 은행에 저축한 돈이 먼 훗날 아니 내일 당장 실제로는 내 것이 아닐 수도 있다. 돈이란 쓸 때라야 진짜 돈이고, 돈다운 돈이 된다. 먹고 싶은 음식이 있으면 지금 먹어보고, 해보고 싶은 일이 있으면 지금 해보고, 가보고 싶은 곳이 있으면 지금 가보는 거다. 몸이 쇠약해져 걷지도 못할 때 안타까워하지 말고 여건이 허락하는 한 원하는 것을 하면서 사는 삶이 인생을 더 풍요롭게 만들어준다.

남들이 부러워할 만큼 넉넉하고 좋은 직장에 다니면서도 미래를 준비한다는 핑계로 자린고비처럼 구는 사람은 천장에 매달아 놓은 전설의 굴비 맛을 알 턱이 없다. 실제로 굴비를 사서 먹어봐야 그 깊은 맛을 음미할 수 있다.

지금 해본다는 것은 그 대상에 대해 뭐라도 배우고 경험을 쌓는 일이다. 좋든 나쁘든 그런 배움과 경험이 인생의 정보가 되고 지혜가 되어 자신을 더욱 성숙하도록 이끈다.

꿈을 갖고 차근차근 미래를 준비해가면서 혹시 발생할지 모를 돌발상황에 대비하는 일은 모두가 권장하는 사안이다. 또 그렇게 해야만 안심이 되는 듯한데 미래는 아직 형상이 없다. 자신이 통제하기에도 내적·외적 변수가 너무 많다. 가끔은 예측이 빗나가기도 해서 완전 통제가 불가능에 가깝다.

사실 우리가 불안한 이유 대부분은 현재의 직장생활이나 대인관계와 같은 사회적인 포지셔닝, 혹은 재산이나 돈과 같은 금전적인 부분보다는 실직, 퇴직, 노후, 질병, 사고, 죽음과 같은 미래의 일 때문이다.

이와 같은 불확실성으로 인해 한시도 편할 날이 없고, 그 불안함은 어떠한 것으로도 해결하기 어려운 면이 있다. 어차피 불안함이 없어지지 않을 거라면 오늘을 즐겁고 평탄하게 살아갈 장치가 필요하다. 마주친 현실을 직시하고 지금의 일과 상황에 몰입하는 것이다.

누군가와 얘기하면서 오늘 저녁엔 뭘 먹지와 같은 상상은 준비성이 철저한 게 아니다. 대화의 맥락과 상대방으로부터 이탈하는 바람직하지 않은 행동이다. 이미 지나간 일에 대해, 오지도 않은 앞날에 대해 끊임없이 상상하다 보면 에너지만 흩어질 뿐이다. 세상의 진리가 순간마다 지금 있는 곳에 존재하는 것처럼 대화할 때는 오직 대화하는 일에만 집중해야 서로에게 유익한 결과를 도출할 수 있다.

지나간 삶을 되돌릴 수는 없다. 그러나 다가오는 삶이라도 바꾸고 싶다면 이 순간에 충실하고 집중하는 자세가 중요하다. 하루하루가 쌓여 자신의 과거가 되었듯이 지금에 집중하면서 지금을 헛되이 보내지 않는다면 지금이 밑거름이 되어 앞으로의 인생이 더 좋아질 것이다.

편안의 역설

👤 **P의 생각: 오늘이 편하면 내일이 불편하다.**

지금, 이 순간이 행복해야 한다면서 모든 것을 뒤로하고 즐기기만 한다면 미래에는 무엇이 남을까? 미래는 불안해질 것이고, 자신의 인생에 대해 한 치 앞도 내다보기 어렵게 될 것이다. 그야말로 삶의 중심이 되어야 할 지금이 선물이 아니라 불행의 전조가 되는 셈이다. 지금이 중요하다는 것은 지금 해야 할 일을 지금 하라는 것이지 편안함을 유희하며 아까운 시간을 낭비하라는 뜻이 아닐 게다.

업무처리가 끝나면 곧바로 정리해 윗사람의 결재를 받는게 내가 다니는 회사의 일상적인 업무 흐름인데 결재서류를 매번 늦게 제출하는 직원이 있다. 대출업무를 취급하고 당일에 서류를 정리하는 경우 10분이면 끝날 일이 하루가 지나면 20분 30분이 걸리고, 삼사일이 지나면 어느 때는 한 시간 이상이 걸리기도 한다. 시간이 지날수록 서류가 쌓이고 기억력이 떨어지면서 서류를 찾아 위임전결 규정을 재확인하고, 대출 취급 경위를 적고, 서류를 순서대로 정리하는 데 지체된 만큼의 시간이 더 필요해지는 것이다.

미결서류가 쌓여 있는 직원 대부분은 바빠서가 아니라 마무리를 소홀히 여기는 잘못된 습성에 기인하는 바가 크다. 다른 직원들이 분주하게 하루의 일과를 마무리하는 동안 서류 정리를 뒤로 미루는 직원은 특별한 이유 없이 괜히 사무실을 왔다 갔다 닭질하며 돌아다니거나 잡담을 늘어놓는다.

업무처리가 끝났으면 미루지 말고 바로바로 정리하는 것이 자신에게 필요한 시간을 버는 거다. 지금이 편하면 나중이 불편할 수 있음은 물론이고 업무를 마무리하는 데에도 더 많은 시간과 노력을 투입해야 한다.

직장에서는 이것저것 가리지 않고 일해야 하는 경우가 수시로 발생한다. 자신이나 동료들에게도 똑같이 적용되는 상황인데 유독 편한 일만 골라서 하려는 사람이 있다. 모두가 쉽고 편한 일만 하려고 하면 나머지 일은 누가 할 것인가? 누구나 어렵고 힘든 일을 거부한다. 그런데 누군가는 반드시 그 일을 해야 한다.

힘든 일이 싫다고 이리저리 머리를 굴려 아무도 모르게 한다고 해도 편한 일만 골라서 하면 동료들이 금방 알아차리게 된다. 빈번하게 그런다면 왕따가 될 공산도 크다. 쉽고 편한 일은 훗날에도 별 도움이 되지 않는다. 어렵고 힘든 일을 안 하다 보니 심도 있는 업무 역량이 축적되어 있지 않아 조금만 이상해도 해결책을 쉽사리 찾지 못한다. 자기 발전에도 장애가 된다. 어려운 일이 사람을 더욱 성장하게 만드는 것인데 쉬운 일은 물경력을 쌓기에 좋은 대상이 된다. 고민도 하고, 공부도 하고, 실습도 하고, 교육도 받고 때로는 다른 사람에게 자문도 하면서 배워야 하는 게 일이다.

조직의 떳떳한 구성원이 되기 위해서는 다소 힘들더라도 주어지는 일을 기꺼이 받아들이려는 자세가 필요하다. 설령 자처한다고 해서 주야장천 그 일만 시키지 않는다. 힘든 일을 특정인한테만 맡기면 안 된다는 것을 모두가 알고 있다. 누군가 편하면 누군가 불편하리라는 건 자명한 일이다. 이를 간과하면서 모든 걸 자기 위주로 행동하려는 사람은 조직에 꼭 필요한 구성원이라고 평가받기 어렵다.

오늘의 일을 내일로 미루고 쉬운 일만 하는 것이 당장은 편하다. 그게 바로 행복이라고 혼동할 수도 있다. 오늘이 맑더라도 내일은 흐릴 수 있는 법이다. 지금의 불편함을 감수하려는 노력은 미래의 편안함을 담보하는 보증수표와 같아 현재의 안일함을 중단할 줄 아는 결단이 필요하다.

닭질과 잡담의 즐거움을 중단하고 그 시간에 미결을 정리하여 결재서류를 빨리 올린다. 힘들고 어려운 일도 긍정적인 마음으로 자처해서 해본다. 마음다함은 즐거움을 가져오기 때문에 분명 합당한 대가가 따를 것이다.

세상을 살아가는 데 필요한 지혜와 지식을 위해 인문학책도 시간을 쪼개어 읽어봐야 한다. 친구들과 하염없이 즐기느라 돈을 낭비하지 말고 노후를 대비하여 아끼고 저축하는 근검절약 정신도 길러보자. 몸이 끌리는 대로 움직이지 말고 멋진 미래를 위해 알찬 계획도 세우고 절제된 행동도 해보자.

자신만의 행복을 추구하는 소확행도 중요하지만, 주변 사람들과 함께 행복해지는 환경을 만들어보자. 주변 사람들이 행복해야 자신도 행복할 수 있고, 그래야 즐거운 마음으로 일하며 인생의 보람을 느낄 수 있다.

어릴 적 재미있게 읽었던 개미와 베짱이의 이야기는 지금도 우리 주변에서 늘 일어나고 있다. 봄, 여름, 가을에 땀 흘려 열심히 일한 덕분에 겨울을 따뜻하고 행복하게 지내는 개미가 될 것인지, 개미가 일할 때 빈둥빈둥 놀다가 겨울에 추위와 배고픔으로 고통스러워하는 베짱이가 될 것인지는 오직 본인의 선택에 달려 있다.

브레이크타임

👤 P의 생각: 껐다가 다시 켜본다.

컴퓨터가 갑자기 멈춘다. 이것저것 해봐도 잘 안되고 고장 난 원인도 모르겠다. 하는 수 없이 서비스 센터에 전화를 걸었더니 대답이 의외로 간단하다. "껐다 다시 켜보세요." 리셋 버튼을 누르고 다시 켜니 작동이 잘 된다. 소프트웨어 프로그램이 엉키면 가끔 그럴 수 있단다. 이렇게 간단하고 쉬운 일이 뭐가 그리 어려웠단 말인가?

갑자기 멈춘 컴퓨터처럼 힘들고, 지치고, 엉켰을 때는 꼼짝하지 말고 잠시 쉬었다 가야 한다. 한숨 돌려 느긋하게 간다고 해서 남들보다 뒤처지거나 천지가 개벽하는 것도 아닌데 뭐가 그리 바쁜지 총총걸음을 앞세우는 게 우리의 일상이다.

바쁠수록 전기코드를 과감하게 뽑아내어 잠시만이라도 껐다가 다시 켜야 한다. 서두른다고 원하는 일이 원하는 대로 풀리지 않는다. 모든 일에는 다 때라는 것이 있기 때문인데 성과에 압박을 받는 사람, 욕심이 지나치게 많은 사람일수록 일을 서두르고 뭔가에 집착하다 결국 에너지가 고갈되어 번아웃 증후군이라는 엄청난 사태를 몰고 온다.

스포츠 중계를 시청하다 보면 가끔 이해하기 어려운 장면이 나온다. 시즌 내내 잘했고 이번 대회 MVP도 노려볼 만한 선수를 예고도 없이 갑자기 교체하는 일이다. 겉으로는 멀쩡하고 괜찮아 보이는데 교체하는 이유가 뭘까를 생각하는 도중에 중계석에 있는 해설자가 이해하기 쉽게 그 배경을 설명해준다.

팀이 결승까지 올라오는 동안 교체된 선수가 예선전부터 전 게임을 뛰어 체력이 많이 떨어졌고, 자칫하다가는 부상할 우려가 크기 때문에 선수 보호 차원에서 교체가 불가피한 상황이라고 한다. 그리고 이번 게임이 전부가 아니고 다음에 또 시합이 있으니 선수나 팀을 생각했을 때 선수교체는 매우 적절한 조치라는 코멘트로 마무리한다. 사실 이번 게임만 이기면 팀 창단 이래 최초 우승이라는 대기록을 달성하는 절체절명의 순간인데도 감독은 간절한 우승보다 선수의 몸을 먼저 챙긴 것이다.

체력이 떨어지면 자기 몸을 자유자재로 다루기 어렵다. 상대가 느닷없이 내미는 행동을 돌려치기도 쉽지 않아 어딘가 다칠 확률이 엄청나게 높다. 부상은 모든 선수가 경계해야 할 1순위 대상으로서 심한 경우 선수 생명에 치명타를 가하게 되고, 다음 게임을 준비하는 팀에도 결정적인 영향을 미친다. 최선을 다해 게임에 임하는 자세가 선수들의 마땅한 도리라고 해도 체력이 바닥났다 싶으면 MVP고 뭐고 다 팽개치고 그대로 휴식을 취하는 게 자신과 팀을 위하는 일이다.

잠깐 쉰다고 해서 가진 능력이 사라지는 것도 아니고, 돌아와 다시 설 자리가 없어지지도 않는다. 하는 일이 얽히고설켜 잘 안 풀릴 때, 절망적인 순간이 닥쳐 누군가를 원망하는 마음이 생길 때 아등바등하지 말고 가만히 그 자리에 멈추어 서 본다. 그러면 무엇이 그토록 자신을 힘들게 했는지 조금씩 느껴지면서 주변의 사물과 현상들이 새롭게 보이기 시작한다.

'내려갈 때 보았네. 올라갈 때 못 본 그 꽃.'이라는 시구처럼 사람들은 대부분 올라갈 때 위만 쳐다보고 가지 옆을 보거나 아래를 내려다보지 않는다. 어떤 이는 남들보다 더 빠른 정상 도착을 위해 온몸이 땀에 젖은 채 숨을 할딱거리며 내달리기도 한다. 내려갈 때라도 꽃을 봤다는 것이 그나마 위안거리다.

직장에서도 잘나갈 때나 더 높은 자리를 노리고 있을 때 동료들이 도통 눈에 들어오지 않는다. 관심도 없다. 사실은 가까이에 있는 보통의 사람이 가장 믿을 수 있고, 어려울 때 힘이 되어주는 사람인데도 말이다. 에너지가 다 떨어질 때까지 이렇게 달리기만 하는 인생은 얻는 것도 많지만, 잃는 것 또한 적지 않아 전체적으로는 마이너스 거래가 될 수 있다. 한

템포 쉬어가는 브레이크타임을 통해 에너지를 비축하는 일이 자신을 안전하게 보호하는 비결이다.

우리는 마라톤과 비교가 안 되는 먼 인생길을 달려야 한다. 좋으나 싫으나, 비가 오나 눈이 오나 바람이 불어도 목적지가 보이지 않는 그 길을 걷고 또 걸어야 한다. 걷다 보면 오르막이다 싶었는데 어느새 내리막길이 나오고, 비바람이 몰아치다가도 햇볕이 쨍쨍하고, 평탄한 길을 걷다가도 때로는 굴곡진 넝쿨을 마주하면서 생을 마감하는 순간까지 끊임없이 걸어야만 하는 운명이다.

어차피 먼 길을 걸어가야 하는 인생이기에 운동경기에서 하프 타임을 철저히 지켜 선수들을 보호하려는 것처럼 지치고 힘들 때는 잠시 휴식하여 자신을 아끼고 돌보는 것이 더 멀리, 더 오래 걸을 수 있는 처방이다.

인생길을 걷는 과정에서 가슴에 꼭 새겨야 할 신조는 내가 있어야 가족도 있고, 회사도 있고, 친구도 있다는 것이다. 내가 없으면 이 세상은 없는 것이나 마찬가지이다. 내가 아니면 안 된다고 하는 중요한 일도 의지만으로는 역부족이고 기력이 있어야 해낼 수 있다. 온몸이 방전되었다 싶으면 빨리 치료받고 몸을 먼저 챙겨야 회복 기간이 단축되고, 원하는 일도 그만큼 앞당겨 할 수 있다.

몸이 먼저

👤 P의 생각: 몸이 건강해야 자신감이 생긴다.

'건강한 신체에 건강한 정신이 깃든다.'는 말처럼 몸과 마음이 건강해야 무슨 일이든 즐겁게 할 수 있고, 건강한 상태와 건강해지려는 노력이 더 큰 자신감을 준다. 나이가 들수록 점점 더 피부에 와닿는 말이다.

내 나이 30대 중반쯤 건강한 몸을 주신 부모님께 감사하라는 직장동료가 있었다. 그는 체구가 작고 등산 도중에 다리를 다쳐 몸이 조금 불편한 상사였다. 당시에는 무슨 뜻인지 몰라 그 진의를 간파하지 못했는데 시간이 한참 지나고 나이를 먹어가면서 건강한 몸과 타고난 외모가 얼마나 소중한지 알게 되었다.

신체는 선천적으로 타고나는 것이지 어떻게 할 수 있는 게 아니지 않느냐는 사람이 있다. 반은 맞고 반은 틀린 말이다. 허약한 아이였던 덕분에 어려서 운동을 시작해 자신의 건강을 유지할 수 있었다고 한 마쓰시타 고노스케같이 다소 불편한 몸으로 태어났어도 후천적인 노력을 통해 보기 좋게 극복하고 성공하는 사람이 있는가 하면, 부모님으로부터 뛰어난 신체 유전자를 물려받았어도 술과 담배에 절고 허황한 탐욕에 빠지는 등 관리가 허술해서 몸만이 아니라 정신까지 망가지는 사람도 적지 않다.

딸 아이가 비만으로 마음고생이 심했다. 어떤 옷을 입어도 멋스럽지 않고 사람 만나기를 꺼리며 어쩌다 만난다 해도 용건만 간단히 해결하고 곧장 헤어진다. 지구력이 떨어지고 별 이유 없이 늘 피곤하다고 한다. 이대로 있다가는 안 되겠다 싶었는지 다이어트를 시작하여 6개월여만에 20kg 정도를 줄였다. 하루 세 시간 이상 걷고 식사량을 적절하게 조절한 결과다.

아르바이트할 때 가장 큰 걱정이 유니폼 크기였는데 이제는 그럴 필요가 없어 너무 좋고 누구를 만나도 위축되는 일이 없다고 한다. 크게 변모한 딸 아이의 모습을 볼 때 몸이 건강하고 외모가 맘에 들면 자신감이 생기면서 적극적으로 변한다는 말이 맞는다. 요즘은 의술이 좋아져 인위적인 방법을 선택하기도 하고, 몸 상태에 따라 건강을 처치하는 방법도 제각각이다. 그래도 인내를 통한 자연적인 운동으로 극복하는 게 바람직할 것이다. 성취감을 느끼고 지속 가능한 건강도 얻을 수 있기 때문이다.

집안 얘기가 많은 듯한데 그래도 아내의 경우를 빼놓을 수 없다. 2021년 갑작스럽게 엄청난 병을 얻어 대수술을 받았고, 다행히 수술 경과가 좋아 지금은 빠르게 회복 중이다. 죽을 고비를 넘긴 후 아내의 생각이 크게 변했다. 삶을 바라보는 관점이다. 결혼 후 수십 년을 바지 속 안주머니 뒤지듯 아끼고 살았는데 이제부터는 욕심부리지 않고 마음 편하게 살겠단다. 죽으면 쓸 데도 없고 아무 소용도 없는 돈을 어디에 쓰려고 그렇게 벌벌 떠느냐고 한다. 여행도 자주 가고, 예쁜 옷도 사 입고, 맛있는 음식도 먹고, 남들에게 선물도 많이 하겠다는 것이다. 건강을 잃으면 모든 걸 잃게 된다는 교훈을 어딘가 크게 아프고 나서야 깨닫는 현실이 슬프기도 하다.

손톱 밑에 박힌 가시 하나가 온갖 신경을 다 쓰게 만들고, 약 한 알 먹으면 금방 낫는 감기가 행동을 불편하게 한다. 사소한 것으로 인해 어디 한 군데라도 아프면 동작이 굼떠 하고 싶은 일을 원하는 만큼 못 하게 된다. 심지어는 아예 포기하는 때도 있다.

마음은 있으나 몸이 불편하면 행동이 따라주지 않고, 행동은 있으나 건강하지 못하면 할 수 있는 일이 그리 많지 않다. 몸이 정신을 이기기 때문이다. 공부하는 것도, 일하는 것도, 여행하는 것도, 누구나 바라는 행복이라는 것도 내 몸이 건강해야 가능한 일이다.

질문이 답

👤 P의 생각: 모르는 게 있으면 질문하라.

모르는 게 죄도 아니고 부끄러운 일도 아니다. 사람은 아는 것보다 모르는 게 더 많은 법이다. 모르면서 아는 척하거나 알려고 하지 않는 게 말썽을 일으킨다. 보통은 간단한 질문을 통해 자신이 원하는 답을 즉석에서 쉽게 찾아낼 수 있는데도 질문을 너무 어렵고 거창한 일로 생각하여 곁에다 답을 두고 헤매거나 모르는 채 그냥 넘어가곤 한다.

여럿이 모인 자리에서 질문 잘하는 사람을 보면 생각과 지식이 깊어 보이면서 용기 있는 그런 행동이 부럽기까지 하다. 그런데도 이런 질문을 해도 괜찮은 건가 하면서 몇 번을 망설이다 이내 단념하고 만다. 용기가 따라주지 않아 모름만을 늘려가는 모양새다.

대화 중 망상에 빠져 정확히 듣지 못했거나, 들은 내용이 이해되지 않거나, 그 내용이 이미 알고 있는 사실과 다르다면 반드시 물어보고 확인해야 한다. 질문을 통해 똑바로 알아 두어야 시행착오를 줄일 수 있고, 사람들과의 대화 맥락에서도 벗어나지 않는다.

흔히 저지르는 오류가 모르면서 알았다고 하는 것이다. 말에 대한 이해 부족은 누구에게나 있는 일로서 듣자마자 바로 이해했다는 것에는 어떤 결함이 있을 수 있다. 상대가 아닌 자기 관점에서 해석되었을 확률이 높아서이다.

상사의 업무지시가 애매하거나 이해가 되지 않았을 땐 다시 질문하여 내용을 정확히 짚고 가야 한다. 중요한 일일수록 기본적인 사항은 당연하고 이면의 의도까지 명확히 알아야 하는데 질문이 귀찮아 대충 넘어가면 나중에 크게 후회하게 된다. 이해가 덜 된 상태에서 지시받은 일을 엉뚱하게 처리하는 것보다 핀잔을 들더라도 요지를 충분히 파악한 다음 지시받은 대로 처리하는 것이 더 중요하다.

정황상 지시한 내용을 다시 물어보기가 뭐해서 내가 이해한 수준에서 업무를 처리하다 혼쭐난 적이 있다. 내용을 똑바로 이해하지 못하고 이런 식으로 보고서를 쓰면 우리 부서가 요구하는 예산을 다 주겠느냐는 질타였다.

분위기가 아무리 싸늘해도 이해가 안 가는 경우 "결론적으로 부서 의견은 찬성이란 말씀이시죠?", 잠시 딴생각하느라 알아듣지 못했을 때도 "죄송합니다만 잘 못 들었습니다. 다시 한번 말씀해주시겠습니까?"라고 해야 뒤끝이 없다.

① 질문은 자기 발전의 시작이 된다.

"이유가 뭐죠?", "왜 그렇죠?"라고 질문을 던지는 순간부터 우리의 머리는 답을 찾고자 회전한다. 정답을 얻지 못해도 질문 그 자체가 자기 발전의 시작이 되고, 나아가 궁금증을 풀고 지적 욕구도 채워준다.

이해가 안 되는 맥락, 조금이라도 더 알고 싶은 내용이 나오면 주저 없이 질문하여 지식과 정보를 얻는 기회로 삼는다. 질문받은 사람 역시 누군가로부터 받는 질문 그 자체를 자신이 관심받고 있는 것으로 생각하기 때문에 대부분이 질문에 대해 너그럽고 자세히 설명하려고도 한다.

② 진지한 경청의 표현이기도 하다.

얘기를 듣다가 뭐라도 질문하면 질문받은 사람은 '이 사람이 내 얘기를 잘 들었구나.'라고 생각하게 된다. 질문한다는 것은 상대의 말을 주의 깊게 경청했다는 의미이자 존중의 표현이기도 해서 질문의 답을 구하는 것 이외에 특별한 효과를 내기도 한다. 상대의 이야기를 잘 듣고 질문함으로써 그 사람과 새로운 유대관계를 쌓을 수 있는 것이다.

경청을 통한 좋은 질문은 말하는 사람의 마음을 활짝 열게 만들어 스스로 더 많은 정보를 제공하도록 유인하고, 거기에서 나오는 추가 정보는 신선한 지식이 된다.

③ 공부하게 만든다.

회의할 때 회의 주관자가 청중들의 돌발 질문에 잘 대처하려면 철저한 준비와 함께 다양한 시나리오를 준비해야 하고, 질문자 역시 생산적인 질문을 하기 위해서는 회의내용을 꼼꼼히 훑어보고 관련 자료를 충분히 수집해야 한다.

토론의 경우 주로 상대방이 한 주장이나 주제를 바탕으로 질문하고 질문받기 때문에 양자 모두가 각종 데이터나 타 사의 사례를 분석해야 하는 등 거의 다 이해하는 수준까지 공부할 수밖에 없다.

질문에도 요령이 있다. 공식적인 회의 중 질문을 할 때는 감사의 말이나 자기소개를 최대한 줄여 회의 진행에 방해가 되지 않도록 해야 한다. 그리고 짧게 하되 명확하게 한 번에 한가지씩만 물어본다. 장황하게 질문하면 초점을 잃을 뿐만 아니라 질문하고자 하는 다른 사람들의 시간을 빼앗게 된다.

질문하기 전에 질문할 내용을 미리 메모하는 게 좋다. 말하는 도중에 순간 당황하여 횡설수설하는 사태를 방지해주고, 질문 내용이 깔끔해 질문자의 격을 높여준다. 당연한 말로 주제를 벗어나거나 인신공격성 질문은 금물이다. 회의에 찬물을 끼얹어 회의를 망치게 된다.

침묵은 금

👤 **P의 생각: 때로는 침묵도 필요하다.**

말 많은 사람, 말꼬리 잡는 사람, 말꼬리 흐리는 사람, 말 더듬는 사람, 말 끊는 사람, 말 머리 돌리는 사람, 말만 앞세우는 사람, 말 같지 않은 말을 하는 사람.

인간은 물론이고 동물인 말馬까지도 싫어하는 사람의 예시이다. 말할 때 참고할 만한 내용인데 남의 얘기처럼 그냥 웃고 넘어갈지언정 대부분이 자신은 절대 그런 부류가 아니라고 우긴다. 말은 한마디 한마디가 무척 중요하다. 모두가 그렇다고 생각한다. 그런데 잘 지켜지지 않고 있으니 아이러니하다. 이참에 나는 어떤 말 그릇에 담겨 있는지 생각해보자. 혹여 말이 싫어하는 사람으로 인식된다면 말하는 습관을 빨리 고쳐야 더욱 성숙한 사람으로 익어갈 수 있다.

사람이 말하지 않고 산다는 건 불가능에 가깝다. 전부는 아니어도 거의 모든 게 말을 해야 일상생활이 순조로워진다. 하지만 과도한 말은 청감을 둔탁하게 만들고, 조용하고 싶은 감정을 건드려 심기를 불편하게 한다. 넘치는 수다와 험담 역시 늘 후회와 상처를 수반한다. 말이 많거나 나불대는 사람은 누군가와 의미 있는 관계를 맺어가기가 어려운 것이다.

침묵은 묵묵히 익어가는 항아리 속의 된장과도 같아 때가 지나면서 더 진한 맛을 우려낸다. 의미 없이 쏟아내는 목소리가 아니라 가치 있는 의미를 전할 때가 많고, 그 어떤 주장보다 강하다. 얘기할 때 쏟게 되는 혼란도 없애줘 생각을 반듯하게 정리하도록 도와주고 사리분별력을 키워준다.

이를 위해 묵언 수행을 하기도 하고 수화를 배우기도 하는데 사실은 진정한 침묵도 참 어려운 법이다. 일상생활에서 침묵이 가져다주는 유익한 내용을 살펴보기로 한다.

① 누군가의 얘기를 들어줄 때

하는 일마다 꼬이고 힘들 때 가슴을 시원하게 뚫어주는 굴뚝 청소부라도 만나고 싶은 심정이 든다. 누구든 참으면 병이 되기 때문에 속에 있는 얘기를 다 꺼내놔야 비로소 마음이 풀리는데 청소부를 만나기란 애초 불가능한 일이다. 그렇다고 옆자리 동료를 붙잡고 얘기할 수도 없는 노릇이어서 그간의 자기 사정을 어느 정도 알면서 하소연을 조용히 들어줄 수 있는 상대를 물색하게 된다.

만약 본인이 들어주는 당사자로 지목되었다면 섣불리 조언하거나 위안하려 하지 말고 침묵으로 상대의 이야기가 다 떨어질 때까지 경청하면 된다. 듣다 보면 무엇이 그렇게 그 사람을 힘들게 했는지 조금씩 알게 되면서 아픔마저 느껴진다. 상대방 역시 말을 함으로써 스스로 고민을 해소하기도 하고, 말하는 자체에서 새로운 힘을 얻기도 한다. 백 마디의 말보다 묵언으로, 끄덕임으로, 눈빛으로 하는 응답이 훨씬 더 진한 울림이 된다.

② 초면인 자리에서

자신을 지나치게 사랑하는 사람은 공개석상에서 자신의 인맥과 지식을 자랑하면서 함께 자리한 사람들에게 깊은 인상을 남기려고 애쓴다. 그러나 사람들은 남의 얘기를 겉으로 듣는 경향이 있어 이러한 노력 대부분은 헛수고에 그치고, 말이 많아지게 되면 경솔한 사람으로까지 비친다.

생각이 깊은 사람일수록 말수가 적은 것처럼 초면이거나 상사가 있는 자리에서는 침묵이 지혜다. 일종의 분위기 탐색전이라고 볼 수도 있는데 침묵이라고 해서 정신을 놓아서는 곤란하다. 분명 상대가 뭐라도 물어볼 것이기 때문이다. 인사를 나눈 이후 계속 침묵하고 있으면 답답함을 참지 못한 상대방이 당신에 대해 궁금해하면서 간단한 질문이라도 던진다. 그때가 기회다.

③ 회의 도중에

업무가 바빠서 회의 자료를 제대로 준비하지 못한 채 참석하는 경우가 있다. 회의가 시작되고 남들이 여기저기에서 앞을 다퉈가며 보기 좋게 발표하면 슬슬 불안해지기 시작한다. 경쟁자가 발표할 때는 초조함이 더 격렬해진다.

남들이 발표한다고 애가 타서 준비가 덜 된 상태에서 말하면 십중팔구는 발표 내용이 뒤죽박죽이다. 이럴 땐 남들에게 밀린다는 생각이 들어도 어설프게 발표하느니 차라리 침묵하는 편이 낫다. 부득이하게 말해야 할 때는 간략하게 꼭 필요한 말만 한다. 그러면 부족하다는 말은 들어도 쓸데없다는 말은 나오지 않는다. 그렇지만 예정된 회의를 충분히 준비하지 않은 태만과 부족함은 결국 자신의 부담으로 돌아온다.

돈, 돈, 돈

👤 **P의 생각: 돈을 예찬하되, 돈의 노예가 되지 마라.**

우리는 거의 하루도 빠짐없이 돈을 써야 하고, 매일같이 돈을 걱정하면서도 그 돈을 그리워하며 살아간다. 수중에 돈 한 푼 없거나 부족하면 그 불편함이 작지 않고, 평소에 꿈꾸던 일을 계획한 대로 추진하기도 어렵다. 행동반경이 위축되면서 자신감도 떨어진다. 어느 때는 큰 곤경에 처하거나 인생 자체가 불행해질 수도 있다.

언제 어디에서나 돈이 필요하다는 것을 알고 있으면서도 누군가 만나 얘기할 때 돈을 입에 올리는 사람이 거의 없다. 돈을 얘기하면 돈밖에 모르는 천박한 놈이라고 손가락질 받을까 봐 스스로 단속하는 것인데 외면만 하지 말고 돈 얘기에 좀 더 익숙해질 필요가 있다. 친해질수록 돈을 소중히 여기게 되고 경제문제로부터 조금은 자유로워질 수 있다.

돈에 관한 대화가 부담스럽다면 거부감이 생기지 않도록 생활경제나 일반상식 수준의 용어를 빌리면 된다. 재산, 편드, 대출, 금리, 연금, 보험, 상속, 증여, 기부, 세금, 빌딩, 주가, 환율, 부동산, 임대소득, 사업소득 등등 돈과 관련된 대화의 아이템은 차고 넘친다.

처음부터 끝까지 돈, 돈 하면 꼴도 보기 싫을 수 있지만, 실생활과 재산형성에 유익한 정보를 얻을 수 있는 까닭에 일상의 대화에서 돈 얘기를 의식적으로 거부할 이유가 없다. 돈 자랑, 재물 자랑하는 사람이 문제이지 돈과 관련된 경제 이야기가 문제시되지는 않을 것이다.

사실 자신이 돈을 어디에다 쓰는지, 저축은 얼마나 하는지, 지출은 얼마나 많이 하는지 등을 화제에 올리기가 쉽지 않다. 그러나 돈 문제를 어떻게 하면 잘 처리하고, 돈과 관련해서 맞닥뜨린 복잡한 의사결정을 잘할 수 있도록 서로 돕고 정보를 주고받는 것은 경제생활에 유익한 대화다.

인간이 이 세상에 존재하는 것은 부자가 되기 위해서가 아니라 행복해지기 위해서라고들 한다. 돈이 많을수록 생활의 편익이나 편리함이 늘어난다. 일례로 로봇 청소기, 세탁기, 식기 세척기 등이 사람의 역할을 대신함으로써 노동을 하지 않아도 되고, 다른 일을 할 수 있는 시간까지 벌어준다.

그러나 돈이 많다고 해서 꼭 행복한 것은 아니다. 항상 좋은 일만 있는 것도 아니다. 돈의 양에 비례하여 걱정거리와 신경 써야 할 일도 함께 늘어난다. 은행 정기예금 금리가 낮으니 펀드로 갈아탈까, 아니면 요즘 핫하게 뜨고 있는 주식을 매수할까? 금액이 좀 더 크면 꼬마빌딩을 매입할까, 아니면 비상장 회사에 장기 투자하여 인생 역전을 노려볼까? 단위가 클수록 따져볼 부분도 많아져 깊은 고민을 거듭해야 한다. 돈에 관한 생각이 멈추질 않아 머리가 무겁고, 재산이 늘어날수록 관리나 감소에 대한 불안도 커진다.

돈의 규모가 작거나 없으면 이런 생각을 하지 않아도 되기 때문에 정신이 항상 맑다. 그렇다고 돈이 없어야 한다거나 없어도 좋다는 말이 아니다. 없어도 걱정이다.

세상 살아가는 데에 절대적인 힘을 발휘하는 돈. 돈을 사랑하되, 결코 돈의 노예가 되어서는 안 된다. 그 힘에 눌려 돈의 노예가 되지 않으려면 돈을 어떻게 벌고 어디에 사용할지에 관한 계획이 있어야 한다. 돈을 진심으로 예찬하는 사람은 부유해지고, 돈을 얕보는 사람은 가난해지는 법이다.

아버지가 아들에게 전하는 삶의 지혜 중 하나다. '돈을 너무 가까이하지 마라. 돈에 눈이 멀어진다. 돈을 너무 멀리하지 마라. 너의 처자식이 다른 이들에게 천대받는다. 돈이 모자라면 필요한 것과 원하는 것을 구별해서 사용하라.' 돈을 대하는 우리의 자세를 참으로 적절하게 표현한 말이다.

여행 기념품

👤 P의 생각: 여행 가면 자신의 기념품도 사자.

여가생활을 즐기는 데 있어 여행은 필수 아이템이다. 국내 여행은 그렇다 치고 어른들이 해외여행 한번 가려면 몇 번을 망설이며 큰맘을 먹어야 하는데 젊은이들은 동네 마실 다니 듯 편하게 잘도 다녀온다. 요즘은 다들 자주 다니는 편이어서 과거와 많이 달라지기는 했어도 해외여행의 고민 중 하나가 누군가를 위한 선물을 사와야 한다거나 아니면 뭐 좀 사다 달 라는 겸손한 부탁을 받는 일이다.

본격적인 여행의 출발을 알리는 공항에 들어서는 순간부터 선물에 대한 고민이 시작된다. 무슨 선물을 사다 줘야 하나? 이게 더 좋을까 저게 더 좋을까? 여행 내내 이러한 생각의 짐 을 달고 다녀야 하고, 어느 때는 식사하다가도 문득 선물 생 각이 나 음식의 맛과 여행의 즐거움을 침식당한다.

여행을 마치고 공항 면세점에서 남에게 줄 선물을 찾아 헤 맨 경험이 누구에게나 있다. 이리 뛰고 저리 뛰고 해서 결국은 과자 몇 봉지 아니면 초콜릿과 같은 간단한 선물을 사고 난 후에야 비행기에 오른다. 아쉽게도 정작 자신을 위한 선물은 어디에도 없다.

사진찍기는 여행에서 빼놓을 수 없는 소중한 추억이다. 관광명소나 색다른 풍경이 등장하면 남는 건 사진밖에 없다는 말이 실감 날 정도로 온갖 자세를 잡아가며 사진을 찍어댄다. 사진이 추억을 남기는 유용한 수단이기는 하나 한계점도 있다. 열심히 찍은 사진이건만 그때뿐이지 어디에선가 꺼내야 하는 불편함으로 인해 잘 보지 않게 되고, 애지중지했던 사진을 통째로 분실해 애를 태우기도 한다.

기껏해야 1년에 한두 번 볼까 말까 한 사진과는 달리 기념품은 거실이나 안방에 진열하기만 하면 별도의 귀찮음 없이 매일같이 볼 수 있다. 자주 볼 수 있어 여행의 즐거움이 수시로 떠오르고, 추억 또한 오래 유지된다.

기념품을 모으는 데는 시간과 노력이 필요하고, 실용적인 편익이 없어 괜히 돈만 쓴다는 느낌이 들기도 한다. 그래도 여행의 생생한 추억을 온전히 전해주는 덕분에 그만한 값어치는 충분히 있어 보인다. 거실에 놓인 여행 기념품을 보면서 가족들과 여행지에서 있었던 추억을 화제로 삼는 재미가 쏠쏠하다.

기념품을 고를 때는 유명한 곳 어디에나 있는 금돼지, 부엉이, 두꺼비, 코끼리, 말, 호랑이가 아니라 여행지를 고유하게 대표하는 상징물이 좋다. 그래야 추억이 생생하다. 개수는 이 것저것 사지 말고 1~2개 정도이면 충분하고, 크기는 최소한 20~30cm는 되어야 진열하기도 좋고 눈에도 잘 들어온다.

여행 일정이 잡히면 기념품 생각에 가슴이 설레고, 목적지에 도착해서는 기념품 가게에 꼭 들러 그곳과 어울리는 조형물을 꼼꼼히 찾는다. 다소 늦게 시작하기는 했어도 여행 기념품을 부지런히 모으는 중이다. 여행 가면 남이 아니라 자신을 위한 기념품도 사보자.

얼마 전 제주도 가족여행에서 올레길을 따라 설치된 말 모형의 목각 기념품 2개를 샀는데 지금 거실 진열장에 가지런히 놓여있다. 참고로 기념품은 골동품이 아니기 때문에 비싼 것을 고집할 이유가 없다.

아쉬운 점은 국내 유명 여행지 어디를 가봐도 판매대에 놓인 기념품은 대개가 다 엇비슷하기만 할 뿐 그 고장을 대표할 만한 조형물이 거의 없다는 게 흠이다. 없는 이유를 상점 주인에게 질문해보니 수지타산이 맞지 않아 제작하는 사람이 없단다.

보고서 작성

1. 상사의 관점에서 먼저 생각한다.

보고서를 작성할 때 최우선으로 염두에 두어야 할 점이 자신의 주관이 아니라 ①**상사의 관점에서 생각하는 거다.** 평소 상사가 강조하던 내용이나 신념을 바탕으로 윤곽을 잡으면 이해력이 높아져 작성하기도 쉽고 칭찬받을 확률도 높아진다.

윗사람의 ②**업무 스타일과 취향도 존중해줘야 한다.** 이미 자신만의 스타일에 익숙해진 탓에 다른 형태의 보고서가 눈에 읽히지 않아 불편함을 느낀다. 상사가 선호하는 보고서 양식, 보고 시간과 방식 등을 파악하여 그에 맞춰 작성하는 것이 사소해 보여도 큰 도움이 된다.

상사는 ③**결론이 담긴 보고서를 원한다.** 결론이 빠진 보고서는 한낱 종잇장에 불과하므로 상사의 생각과 달라도 자신의 의견을 내놔야 한다. 그러면 상사는 이를 참고 삼아 다른 아이디어를 낼 수도 있다. 보고서에는 실질적인 성과를 내기 위한 단계별 업무추진 방법, 추진 기간, 인력 및 예산 등과 같은 구체적인 계획과 일정이 꼭 들어가야 살아있는 보고서가 된다.

2. 중간 보고를 수시로 한다.

상사의 생각을 단박에 올바로 이해하는 일은 쉽지 않다. 지시한 업무를 정확히 모른다고 해서 잘못된 것도 아니고, 일사천리로 처리한다고 해서 자만할 일도 아니다. 중간 보고가 상사를 안심시키는 역할도 하지만, 지시받은 내용을 충분히 이해하여 상사의 의도대로 틀리지 않게 작성하고 있는지를 점검받는 기회이기도 하다.

최초의 중간 보고는 업무지시를 받은 다음 날 아침이 나이스 타이밍이다. 하루를 시작하는 아침 시간이라 정신이 맑은 상태에서 기본 골격만이라도 알고 싶어 하는 심정을 터치할 수 있고, 중간 보고를 신속하게 함으로써 업무의 방향과 속도를 일찌감치 잡아갈 수 있다.

다음 날 아침에 바로 보고한다는 것은 업무 속도가 매우 빠르다는 점을 스스로 증명하는 일이다. 이처럼 타이밍만 잘 잡아도 절반은 먹고 들어가는 중간 보고에 대해 몇 가지만 알아본다.

- 완성되지 않은 초안도 괜찮으니 수시로 보고한다.
  그러면 결재권자가 의견을 내고 방향을 제시한다.
- 진행 상황과 주요 이슈에 대해 주기적으로 보고한다.
- 상황이 급변했을 때는 즉시 보고한다. 전화로도 괜찮다.

3. 가능한 한 짧게 작성한다.

미국의 언론인이자 신문 경영자인 조지프 퓰리처는 '무엇을 쓰든 짧게 써라. 그러면 읽힐 것이다. 명료하게 써라. 그러면 이해될 것이다.'라고 강조했다.

상사들은 짧고, 쉽고, 한눈에 볼 수 있는 보고서를 선호한다. 그래픽이 많아 작성자의 설명을 들어야만 하고 주석이 많이 붙어있으면 뭔가 복잡해 보일 뿐 아니라 실제로도 충분히 이해하지 못하는 경우가 있다. 이는 작성자가 핵심 내용을 제대로 파악하지 못하고 있거나 아니면 주장하려는 논지가 명확하지 않다는 흔적이다.

보고서를 간결하게 쓰고 싶은 경우 한 문장에 한 내용만 담고 길거나 복잡하다 싶으면 두세 문장으로 나눠 쓰되 짧은 문장만 계속 나오면 읽는 재미가 덜하므로 문장의 길이에 적당한 변화를 줘 리듬감을 살린다.

· 불필요한 단어는 줄이거나 쓰지 않는다.
　형용사, 부사, 접속사만 잘 줄여도 분량이 확 줄어든다.
· 각종 그래픽을 활용하여 단어 수를 줄인다.
　단, 하나의 차트에 하나의 메시지만 표현해야 한다.
· 내용이 긴 경우 본문에는 요점만 남긴다.
　나머지는 첨부파일로 돌린다.

4. 보기 좋게 정리한다.

보고서의 첫 페이지를 여는 순간 눈에 띄는 것이 글자체, 색깔 그리고 모형을 포함한 전체적인 균형이다. 보고서의 깔끔함은 균형과 일관성에서 나오는 것이므로 타이틀을 휴먼명조로 했으면 본문에 쓰는 글자체도 전부 휴먼 명조로 하는게 좋다. 내용을 강조한다고 글자체를 바꿔가며 쓰게 되면 작성하는 데 그만큼의 시간이 더 필요하고, 글자체를 바꾸다 자칫 오류가 발생할 가능성도 커진다.

글씨의 크기도 중요하다. 윗사람 대다수는 작은 글씨가 잘 보이지 않기 때문에 보고서를 읽을 때 안경을 끼거나 벗어야 한다면 내용을 보기도 전에 일차적인 불만이 싹튼다. 폰트가 15 정도는 되어야 읽는 데 불편함이 없을 것이다.

아무리 잘 쓴 보고서라도 오타가 있거나 맞춤법 또는 띄어쓰기가 틀리면 신뢰도가 확 떨어진다. 문법에 자신이 없을 때는 정확한 맞춤법을 표시해주고 띄어쓰기는 물론 오타도 바로잡아주는 컴퓨터의 맞춤법 검사기를 활용하면 편리하다.

사실 보고서에 있는 내용은 중요하지 않은 게 없다. 기안자는 자신이 중요하다고 판단하는 내용을 강조하기 위해 색깔을 넣거나 그래프를 사용하는 실수를 범하는데 다양한 색채로 포장하고 형형색색의 그림을 넣는다고 해서 그 내용이 강조되는 게 아니다. 오히려 눈만 피곤하게 만든다.

중요한 것은 이미지가 아니라 보고서에 담긴 내용이다. 시선을 사로잡는 화려한 그래픽이 얼핏 보면 잘 만든 자료처럼 보이지만, 이해하기 어려운 경우가 많다.

맥킨지에서는 프레젠테이션 자료를 만들 때 세 가지 이내의 색을 사용해야 한다는 대원칙을 정하고, 흑백으로 작성하는 것을 기본으로 하되 마지막에 꼭 강조하고 싶은 곳에만 색을 넣는다고 한다.

5. 제출기한을 엄수한다.

아무리 잘된 보고서라도 제출기한을 넘기면 휴짓조각에 불과하다. 기한 준수는 보고서의 생명이다. 최종 보고 전 최소한 한 번 정도는 자세히 살펴봐야 하는데 전체적인 균형, 글자체와 글씨 크기 등을 주의 깊게 점검한다.

이때 보고서 내용은 의식하지 말고 머리가 아니라 눈으로 전체적인 윤곽을 보면서 오류가 있는지만을 훑어보는 게 핵심이다. 최종 점검은 형식을 살펴보자는 것이지 내용을 수정 보완하자는 게 아니다.

Pre-퇴직러가
전하는
직장살이 비결

제3장

리더의
혼돈

꼰대

👤 P의 생각: 누구나 꼰대가 될 수 있다.

좋은 말을 해줘도 꼰대, 착한 행동을 권해도 꼰대, 궁금한 걸 물어봐도 꼰대라고 하니 혼란스럽기만 하다. 늙은이를 이르는 은어가 '꼰대'이며 기성세대가 자신의 경험을 일반화하여 젊은 사람에게 어떤 생각이나 행동 방식 따위를 일방적으로 강요하는 행위를 속되게 이르는 말이 '꼰대질'이라고 국어사전에 쓰여있다.

영어사전에서는 'ggondae(꼰대)'를 '한국어에서 유래한 말로 자기 생각이나 방식이 항상 옳다고 여기는 권위적인 사람'으로 해석하고 있다.

2019년 영국의 한 공영방송에서는 꼰대를 이렇게 소개했다. '꼰대는 잘난 척하고 거들먹거리는 늙은 사람들로 번역된다. 꼰대는 원하지도 않는 조언을 하고 후배에게는 절대적인 순종을 요구하는 관리자에게 사용하는 단어다. 거의 모든 직장에 꼰대가 있다.' 사전적 의미와 방송국의 해석을 연결하면 나이 많은 사람의 권위적인 행동이 곧 꼰대라는 결론이다.

직장 상사는 꼰대? 그럴 수도 있고 아닐 수도 있지만, 최근 들어 꼰대라는 말을 듣지 않기 위해 노력하는 상사나 기성세대가 점점 늘어나고 있다는 점은 분명하다. 나이 많은 사람은 곧 꼰대라는 관념적 틀에 갇혀, 자신보다 연장자이면 죄다 꼰대라고 어설프게 예단하는 시류에 대해 다시 생각해봐야 한다.

그렇다면 나이 많은 사람만 꼰대가 되는 걸까? 그건 아니다. 꼰대는 나이의 문제도 아니고 나이가 꼰대를 만들지도 않는다. 세대 구분 없이 누구나 꼰대가 될 수 있는 것으로 젊은 사람도 예외일 수 없다. 상대방의 의사를 존중하지 않는 무례한 행동과 근거 없는 논리가 만나면 영락없이 꼰대가 되고 만다.

언제부터인가 꼰대라는 은어가 널리 사용되면서 직장 꼰대, 젊은 꼰대라는 소리가 심상치 않게 들린다. 한 취업포털 회사가 조사한 결과에 따르면 '젊은 꼰대' 유형으로는 자신의 경험이 전부인 양 충고하며 가르치려고 하는 형태가 가장 많았다고 한다. 이어 자유롭게 말하라고 해놓고는 결국 자신의 답을 강조하는 '답정너'(답은 정해져 있고, 너는 대답만 하면 돼)와 선배가 시키면 해야 한다는 '상명하복'이 뒤를 이었다.

젊은 꼰대의 특징으로는 자신은 40~50대 꼰대와 다르며 권위적이지 않을 뿐 아니라 오히려 합리적이라고 생각한단다. 젊다고 해서 꼰대의 기준이 달리 적용되지 않는다. 이들 역시 자신이 꼰대라고 치부하는 기성세대의 그것과 다를 바 없으면서도 자신의 행동이 곧 꼰대임을 인정하지 않으려는 태도가 그들의 미래를 걱정하게 만든다.

꼰대 기질 대부분은 자기중심적 사고방식에서 나온다. 이러한 구조적 자기 합리화에서 탈피하기 위해서는 자신을 스스로 객관화하여 들여다보려는 의지가 있어야 한다. 제삼자의 시선에서 보듯 자신을 객관화하려고 노력하는 사람은 어떤 문제에 대해 자기가 정답이라고 주장하지 않는다. 생각이 개방적인 편이어서 다른 사람의 의견에 대해서도 '그럴 수도 있지.'라는 유연한 사고방식을 갖는다.

한편 몹쓸 꼰대라고 취급당하는 기성세대의 습관을 보면 자기 생각이나 경험이 절대적으로 옳다고 믿고, 이를 지나치게 강조하거나 일방적으로 강제하면서 상대방이 관심도 없고 원치도 않는데 좋은 거라며 자꾸 뭔가를 가르치려는 고집이 있다.

일상적인 대화에서도 무심코 던지는 말로 인해 꼰대라고 면박을 당하는 경우가 있다. 조금 안다 싶으면 상대방의 ①**신상을 궁금해한다.** 젊은 세대는 물론이고 기성세대도 타인이 자신의 삶에 관여하는 것을 극히 싫어한다. 어느 대학을 나왔는지, 직장은 어딘지, 월급은 얼마나 받는지, 결혼은 언제 할 것인지 등과 같은 민감한 질문은 단호하게 중단해야 한다.

우리 사회는 친분이 조금 쌓였다 싶으면 나이가 많아 보이는 사람이 먼저 **②상대방의 나이를 물어보곤 한다.** 이는 은연중에 내가 너보다 나이가 더 많은 것 같으니 나를 선배로 대하라는 복선이 깔린 질문이다. 요즘은 나이 구분이 오히려 불편한 시대이므로 될 수 있으면 상대방의 나이를 묻지 않아야 한다.

고질적인 병폐가 **③왕년의 자기 자랑이다.** '내가 왕년에는 말이야 한가락 했지.' '나 때는 말이야.' 당사자에게는 잊지 못할 자랑스러운 역사일진 몰라도 남들에게는 한 개인의 과거사에 불과할 뿐 관심이 전혀 없는 내용이다.

사실 기성세대라고 해서 모두가 형편없는 존재가 아니다. 존경받을 필요도 있고 존경받아도 괜찮은 세련된 기성세대가 사회 곳곳에 자리하여 제 역할을 톡톡히 해내고 있다. 그들에게는 세월이 흘러야만 비로소 얻을 수 있는 숙련된 기술, 다양한 경험, 노련한 삶의 지혜와 같은 소중한 자산들이 분명히 있다.

젊은 세대는 그런 세대를 꼰대라고 치부하면서 무조건 배척만 할 일이 아니다. 열린 마음으로 선배를 이해하고 받아들이면 그동안 잘 몰랐던 그들의 고충이 조금은 이해가 되고,

오랜 세월 쌓아온 뛰어난 기술과 비법도 자연스럽게 이어받을 수 있다.

기성세대 또한 꼰대라는 말을 들었을 때 언짢아만 할 게 아니라 자신을 돌아보며 역지사지의 심정으로 젊은 세대와 공감하고 기다려주는 미학이 있어야 한다. "아니 그런 것이 아니고 다 자네 잘되라고 하는 말이야, 그렇게 쉬운 일도 헤매고 있어."와 같은 훈계와 지적이 아니라 "아 그렇구나, 그럴 수 있지, 괜찮아."라고 하는 진정성 있는 이해와 공감이 요구된다.

세대 간의 소통 부재와 불신이 점점 커지는 양상이다. 그렇다고 갈등을 지나치게 확대하여 해석하는 일은 누구에게도 도움이 되지 않는다. 세대 간 불협화음은 그 옛날부터 있었던 현상이고, 거친 충돌을 겪으면서 사회와 문화가 발전해왔다. 이런 복잡다단한 과정을 통해, 다른 나라에서도 인정하는 우리의 위대한 문화유산을 많이 남길 수 있었는지도 모른다.

20대의 청년과 60대의 기성세대가 보이지 않는 선을 긋고 별개의 세상에서 따로 호흡하며 사는 것 같아도 길게 보면 젊은 세대나 기성세대는 모두 같은 세대에 속한다. 우리는 동떨어져 따로 존재해야 할 이유가 없다. 갈등하느라 에너지를 소모할 필요도 없다.

강한 사람

👤 P의 생각: 강한 사람은 부러지기 쉽다.

베이비붐 세대치고 과거에 고생하지 않은 사람이 거의 없다. 나 역시 20대 초반 많은 것을 섭렵해야 했는데 요즘 젊은 세대에게 공감받지 못하는 일일지 모른다는 점을 전제한다.

고등학교 졸업 후 광화문에 소재한 ○○일보의 사환을 시작으로 성남에 있는 가방공장에서 가방 포장을 담당했다. 군 제대 후 종로3가에 있는 빵집에서 빵 만드는 일을 보조했고, 상계동 아파트 건설 현장에서 온종일 천정에 못을 박았으며, 새벽에 자전거를 타고 영등포에서 마포대교를 건너 서울역과 용산 일대에 건설 회보를 배달하기도 했다. 이는 나만 그랬다는 것이 아니다. 나보다 훨씬 더 많이 고생하고 모질게 성장한 사람이 지천이다. 먹고사는 게 당면 과제였던 80년대 당시 젊은 사람 대부분이 겪어야만 했던 냉혹한 현실이었다.

과거의 시련과 시련의 극복은 나의 자부심이기도 하면서 강해야만 살 수 있다는 새로운 신념을 탄생시켰다. 그 신념을 바탕으로 어려운 일도 마다하지 않고 열심히 살아왔는데 나이가 들수록 강한 기질이 이따금 경직된 사고를 유발하여 오히려 핸디캡이 되곤 했다. 열심이지 않은 사람에 대한 이해와 공감이 부족하고, 성격이 강한 탓에 누군가한테 지는 것을 싫어하며, 송곳 같은 말로 상대를 긴장하게 만드는 것이다. 물론 지금은 그 강함을 잘 연마하여 걱정하지 않아도 된다.

지역본부에서 팀장으로 근무할 당시 열심히 한다는 격려의 말을 자주 들었다. 직원들이 조금 힘들어해도 성과를 독려하는 게 책무이자 본부장을 대리한 팀장의 당연한 도리라 여기며 성적을 끌어올리기 위해 부진 영업점에 전화를 자주 했다. 놀랍게도 결과는 성적이 아니라 직원들의 불만이었다. 강도 높은 독려가 직원들을 힘들게 한다는 소문이 여기저기에서 들려온 것이다. 격려가 곧 경고의 메시지였던 셈이다.

그 이후로 실적과 관련된 전화를 일절 하지 않았다. 그런데 지역본부 실적에는 별다른 차이가 없었다. 돌아보니 직원들을 믿지 못한 상태에서 부진한 실적을 만회하고자 나만의 기준을 세워놓고 그렇게 하느냐 안 하느냐만을 따졌을 뿐 그들의 사정이나 영업점 환경을 이해해주지 못한 것 같다. 강한게 전부가 아니고 부작용도 많다는 점을 깨닫는 기회였다.

부드러운 갈대는 바람에 흔들릴 뿐 꺾이지 않는다. 강한 바람에는 몸을 더욱 낮춰 천연덕스럽게 살아남는다. 꼿꼿한 나무는 바람에 가지가 찢기고, 더 강한 바람에는 뿌리가 송두리째 뽑히기도 한다. 강할수록 잘 부러진다.

사람도 마찬가지다. 강하다고 다 좋은 것이 아니다. 강한 사람은 지는 것을 싫어하는 성격 때문에 또 다른 강자를 만났을 때 타협보다 경쟁을 선호한다. 결국 더 큰 싸움에 휘말리게 되고 언젠가는 반드시 패하고 만다. 한 번 패배하면 져서는 안 되는 일이었다며 크게 좌절하면서 회복이 어려울 정도로 심각한 상처를 입는다. 누군가는 패한 자신을 용납하지 못해 세상과 담을 쌓기도 한다. 대인관계에 있어서는 강함이 뿜어내는 독성으로 인해 주변에 사람들이 몰리지 않아 고독을 달고 살아야 한다.

외유내강이라는 말처럼 상대를 대하는 외면은 부드럽되 자신을 대하는 내면은 건강해야 한다. 그러한 사람이 장수하면서 높은 직위까지 올라가고, 중도 성향의 부드러운 사람이 관계도 원만하다. 강함이 문제를 해결해주지 않는다. 상대의 처지를 생각하고 이해해주는 유연성이 필요하다. 자신의 관점에서는 내가 이래도 괜찮은 건지, 도대체 무엇을 얻으려고 그렇게 강하게 밀어붙이는 건지, 과연 나는 상대에게 떳떳한지를 성찰해봐야 한다.

강하다고 다 좋은 게 아닌 것처럼 하는 족족 다 이긴다고 마냥 기뻐할 일도 아니다. 이길 때마다 보이지 않는 적들이 수없이 생겨나고, 승리를 만끽하기도 전에 다음 게임에 대한 걱정이 밀려와 하루도 마음 편할 날이 없다.

승리를 많이 경험해본 사람은 어느 순간부터 내가 아니면 안 된다는 교만에 빠져 자기만의 과거 방식을 고집하는 경향이 있다. 그러다 어느 날 새롭게 변신한 무림의 강자를 만나 처참히 무너지는 게 경쟁이 난무하는 세상의 법칙이다.

사실 패배자는 패배한 이후로 재기의 몸부림을 치며 필승의 각오로 연습하고 연구한다. 가능한 자원과 아이디어를 총동원해 필승의 전략을 짜놓고, 승리에 유리한 최적의 타이밍을 저울질하다가 이때다 싶을 때 기습작전을 전개하여 상대를 제압한다. 결국 연습을 소홀히 한 승자가 준비를 철저히 한 패자에게 필연적으로 질 수밖에 없는 게임이 되어 승자와 패자의 자리가 수시로 뒤바뀌는 것이다.

패했을 때 어떻게 대응하는가에 따라 인생이 달라지듯이 승리했을 때의 처신 또한 그에 못지않게 중요하다. 패배한 상대가 게임에서 최선을 다한 파트너였음을 인정하고 따뜻하게 격려해주면서 자신은 무한정 겸손해지는 자세다. 그러면서 또 다른 응전에 대비하여 끊임없이 변신하고 노력해야 진정한 승자로 거듭날 수 있다.

리더의 착각

👤 **P의 생각: 리더는 매니저가 아니다.**

리더와 매니저가 서로 엇비슷해 보여도 본질이 다르며 기능이나 역할 면에서도 차이가 크다. 리더가 전체를 이끄는 대표라면 매니저는 그 전체의 일부분을 책임지는 지배인으로서 업무의 영역으로 비교할 때 리더는 마케팅 담당, 매니저는 세일 담당이라고 생각하면 된다.

근면과 성실을 바탕으로 경제가 성장하던 시기에는 조직을 이끌어가는 리더보다 전문성과 관리능력을 갖춘 매니저의 기능이 더 필요했는지도 모른다. 지금은 과거와 다르게 세상이 많이 달라졌고 일하는 방식, 인적자원의 개념, 조직관리 방법 등이 크게 변화하고 있어 매니저보다는 리더의 역량을 강조하는 추세다.

이에 대해 커뮤니케이션 전문가인 다이애나 부서는 리더와 매니저에 대해 다음과 같이 설명했다. "똑똑한 매니저와 현명한 리더 사이엔 차이점이 있지만, 어느 한쪽에 더 가치를 매길 수 없다. 직종과 구성원에 따라 요구되는 리더십이 다르기 때문이다."

일반적으로 매니저는 몸에 익은 기술과 다양한 현장 정보가 있어 일명 전문가로 불리면서 스스로 뛰어난 아이디어를 낸다. 이를 현장에서 직접 구현하는 일에도 익숙하다. 부정적으로는 근접 거리에서 직원을 통제하고, 관리하고, 목표를 부여하는 사람으로 평판한다.

리더는 믿어주고, 이끌어주고, 비전을 심어주는 사람으로 관리보다 변화를 원하며 목표보다 비전을 제시한다. 문제가 있을 땐 원인 규명에 앞서 해결방안을 먼저 찾는다. 리더와 매니저, 누가 더 중요한가를 따져보자는 게 아니다. 각자 해야 할 일과 역할이 다를 뿐 우리 사회에는 두 사람 모두 소중한 존재이다.

바람직한 리더의 표준을 제시한다는 건 어려운 일이다. 상황에 따라, 분야에 따라 요구되는 리더의 조건이 서로 다르기 때문인데 리더가 고도의 전문성을 갖추고 열심히 하는 건 기본이면서도 모범이 될 만하다.

문제는 리더가 매니저처럼 행동한다는 점이다. 현장에서 발생하는 일에 대해 처음부터 끝까지 다 참견하면서 너무 자상할 정도로 이건 이렇게, 저건 저렇게 하라는 구체적인 행동 지침까지 친절하게 안내해준다.

대출한도는 얼마까지만 하고, 금리는 몇 %를 적용하고, 공장 담보는 최대한 보수적으로 운용하고, 임직원의 급여 이체와 퇴직연금을 꼭 유치하라는 등 실무자가 검토도 하기 전부터 자기 생각을 죽 늘어놓는다. 이 정도의 프로의식은 웬만한 직원들에게도 다 있는데 의욕이 지나쳐서인지 아니면 직원을 믿지 못해서인지 도가 지나칠 정도로 팀장과 팀원의 영역을 넘나든다.

영업실적이 좋지 않을 때는 근거리 간섭이 더 심해져 직원들은 떨어지는 지시에 숨이 막힐 지경이다. 심지어 직원들을 지도하며 조직을 위해 열심히 하는 게 당연한 도리라고 단정하면서 자신이 벌이는 일들을 주변에 자랑까지 하고 있으니 기가 막힐 노릇이다. 그런데도 직원들이 말 한마디 하지 못하는 이유는 그 리더를 따르거나 존경해서가 아니라 자신에 대한 독점적인 평가 권한을 쥐고 있기 때문일 것이다.

관리하고 티칭하는 일은 매니저에게 먼저 기회를 주고, 리더 자신은 코칭하면서 산파 역할에 충실할 때 조직과 구성원들이 바람직한 방향으로 나아갈 수 있다. 소크라테스는 제자 플라톤에게 정해진 답을 가르쳐주는 대신에 끊임없이 자문하게 하여 세상의 이치를 깨우치도록 이끌었는데 이러한 자신의 역할을 '산파'라고 이름했다.

산파는 고사하고, 자기 영역을 잘 모르는 리더의 일부는 매니저를 제쳐두고 자신이 직접 나서서 가르쳐야 직성이 풀린다. 일에 있어서는 매니저보다 더 전문가다워야 한다고 집착한다. 어느 때는 성과에 급급해 몸소 이리 뛰고 저리 뛰는 등 돌발적인 행동을 남발하여 구성원들을 불안하게도 만든다.

조직의 규모가 작을수록, 열심히 하려는 흉내를 낼수록 리더가 매니저의 영역을 침범하는 경향이 강한 편인데 그럴수록 쌓이는 건 성과가 아니라 구성원들의 불만뿐이고, 리더의 자질은 한없이 추락하기만 한다.

훌륭한 선수라고 훌륭한 감독이 되라는 법은 없다. 두 직군에서 필요로 하는 자질이나 임무가 서로 다르다. 자신이 직접 문제를 해결하는 실행자나 전문가보다 산파와 같은 조력자 역할에 충실할 때 리더의 자리가 더 빛난다. 구성원들이 스스로 움직이게끔 환경을 조성해주고, 역량을 마음껏 발휘할 수 있도록 판을 깔아주는 일이다.

유감스럽게도 리더가 해내야 할 역할과 기본적인 수칙을 도외시한 채 이곳 현장에서는 자신이 제일 높은 사람이자 최고라고 자칭하면서 착각에 빠져드는 리더가 있다.

👤 P의 생각: 리더의 착각에 빠지지 마라.

지점장 시절, 직원들의 인격 함양과 발표력 향상을 목적으로 주 1회 직원 아카데미를 열었던 적이 있다. 전 직원이 돌아가면서 본인이 희망하는 얘기를 20~30분 정도 발표하는 프로그램으로 아카데미 본연의 취지를 살려 주제는 발표자가 정하되 업무와 관련이 없어야 한다는 게 유일한 조건이었다.

발표했던 주요 내용으로는 '자연 분만, 사진 잘 찍는 요령, 나의 꿈은 미니 앨범' 등이었으며 각자의 개성이 넘치고 주제도 풍부했다. 발표가 끝나면 수고했다는 의미로 꽃다발을 선물했고, 지난주 발표한 직원에게는 본인의 발표 모습이 담긴 기념사진을 액자에 담아 증정했다.

각자의 꿈이나 취미 등을 얘기하면서 이따금 발표 자료와 동영상도 있어 즐겁게 하는 것 같았고, 좁은 공간에서 함께 일하는 직원들의 사정이나 목표를 알게 됨으로써 소통의 통로가 더욱 다양해지는 느낌이었다. 직원들 역시 서로가 칭찬 풍년이고 겉보기에 분위기도 좋아 모두에게 도움이 되는 프로그램이라고 자신했다.

그런데 이것은 리더인 나만의 대 착각이었다. 직원들의 애로사항과 속마음을 똑바로 읽지 못했다. 한 날은 팀장이 이런 말을 전했다. 아카데미의 취지는 좋으나 업무와 관련도 없는 일인데 직원들에게 엄청난 스트레스를 준다는 것이다. 발표를 통해 얻는 소득보다 준비하는 과정이 훨씬 더 힘들고, 다른 직원들이 발표하는 내용에도 별 관심이 없단다. 결국, 3개월 만에 폐지했다.

실무자로서 리더를 많이 모셔본 사람도 막상 자신이 최고의 자리에 오르면 헷갈리는 게 많다. 밑에 부하직원이 생기고 그들로부터 깍듯한 대접을 받아 어깨가 으쓱해진다. 조직에서의 처우도 올라가고 고급정보도 먼저 알게 되면서 예전에 모르던 리더의 위력을 제대로 체감한다. 행동에 제약이 없어 누구의 눈치를 보지 않아도 되고, 실수를 좀 해도 뭐라고 하는 사람이 없으니 만사가 오케이다. 처음으로 갖게 되는 힘이다 보니 이를 통제할 줄 모른 채 깊은 물에 빠지기 일보 직전의 위험천만한 행동을 거듭한다.

직원들은 리더의 권한에 허리를 조아리는 것이지 리더 자체를 존경해서 그러는 게 아닌데도 우둔하고 지혜롭지 못한 리더는 이러한 행동을 반복하다가 옛날에 자신이 손가락질했던 리더를 자신도 모르게 닮아간다. 누가 봐도 리더의 착각에 빠져드는 게 분명하다.

불안한 행동과 평판에 대해 몇 마디 건네보지만, 자신은 절대 그렇지 않다고 강변한다. 다들 열심히 일하고 있어 영업실적도 괜찮고, 직원들과 사이도 좋아 별문제 없다고 확신한다. 직원들은 불만이 있어도 자칫 불이익을 당할 수 있다는 경계심에 침묵하는 것인데 이러한 사실을 눈치채지 못한 상태에서 자신이 처신을 잘하고 윤리적으로도 문제가 없는 줄 안다. 침묵을 지키는 약자의 생리를 몰라도 너무 모른다. 잠재된 위험도 모르면서, 제대로 알려고도 하지 않으면서 자신은 잘났고 도덕적으로도 문제가 없는 사람으로 착각하는 리더의 모습을 세 가지로 요약해본다.

① 직원들에게 공부하라고 한다.

정작 자신은 뭘 새롭게 배우려 하지도 않고 책도 잘 읽지 않으면서 독서만큼 좋은 게 없다고 강조한다. 부조화도 이만한 부조화가 없다. 다소 난해한 회사 규정에 대해 담당자가 잠시 머뭇거리면 전문가인 척 행세하면서 실무자가 정확하게 알고 있어야지 그 정도도 모르느냐고 타박한다.

사실 리더는 전문적인 업무 지식 이전에 리더로서의 소양과 자질을 다지는 일이 더 중요하다. 따라서 책을 읽고 공부해야 할 사람이 바로 자신임을 알아야 한다.

② 회의 때 자신의 말만 해댄다.

회의의 본질은 의견수렴이나 중요한 내용의 전달에 있다. 말하기보다 경청을 잘해야 소기의 성과를 기대할 수 있는데 하나라도 더 가르치고 알려야 한다는 사명감에 사로잡혀 자신의 말만 늘어놓으며 그렇게 하라고 한다.

말할 때는 누구의 말도 들을 수 없다. 듣는 사람들이 입을 닫기 때문이다. 회의 때 리더가 말이 많으면 아랫사람은 침묵일 수밖에 없고, 말이 길어질수록 듣고자 하는 의견이 점점 멀어진다. 결국 회의를 통해 얻는 소득이 별로 없고, 회의를 왜 하는지 모르겠다는 소문만 무성하다. 리더의 말이 많을수록 골치 아픈 일만 늘어난다.

③ 자기 자랑과 개인적인 경험을 습관적으로 말한다.

리더의 십중팔구는 꼰대처럼 거의 모든 걸 잘했다고 한다. 자신이 직장생활의 모범 답안이라고 정의하면서 '나처럼만 하면 직장생활에 문제 될 게 없다.'라고도 우긴다.

직원들이 제일 듣기 싫어하는 소리가 리더의 과거 자랑이며, 가장 큰 꼴불견이 잘난 척하는 행동이다. 아마도 지금의 리더 역시 자신이 과거에 모시던 상사의 자잘한 옛날얘기와 허세가 묻은 자화자찬이 듣기 좋았던 건 아니었을 것이다.

아무리 냉정한 조직이라 해도 성과 부진을 이유로 단숨에 날아가는 경우는 드물다. 대부분이 리더의 착각에 빠져 조직에서 부여한 힘을 남발하고 사적으로 이용하다 직원들과 갈등을 일으키거나 윤리적 문제에 연루되었을 때 발생한다. 리더의 안 좋은 비밀을 가장 많이 알고 있는 사람이 바로 함께 근무하는 직원들이다. 영원처럼 느껴지는 리더의 시간은 금방이고, 있을 때 잘하라는 말처럼 잘해도 본전인 게 리더의 자리다. 원성이 들릴 만큼 리더의 위력을 뽐내는 건 아닌지, 리더로서 기본 덕목을 올바르게 준수하고 있는지 등을 꼼꼼하게 점검해볼 필요가 있다.

직원들과의 문제, 윤리적인 문제를 일으키지 않으면서 조직을 조화롭게 이끌기 위해서는 무언가를 읽고 배우려는 노력이 중요하다. 대표적인 게 책을 읽고, 직원들의 마음을 읽는 일이다. 성실하게 Reading하는 Reader가 조직을 잘 Leading하고 존경받는 Leader가 될 가능성이 크다.

리더의 착각에 빠졌기 때문이었을까? 직원 아카데미 폐지 후, 시간이 조금 지나서 내 상식으로는 이해하기 어려운 인사발령이 있었다. 엄청 당혹스러운 일이었는데 이것이 터닝 포인트가 되어 직장살이에 적잖은 영향을 미쳤다. 순리에 따라야 살아남을 수 있다는 교훈이다.

누구에게나 삶의 방향이 달라지는 인생의 전환점이 있다. 큰 사건만이 아니라 아주 사소한 일로도 발생하고, 누구나 그 지점에 서게 되는 날이 온다. 터닝 포인트는 누군가 대신 정해주는 게 아니라 자기 스스로 만들고 개척해나가는 것이다. 같은 사물이라도 바라보는 방향에 따라 그 형태가 다르듯이 터닝 포인트 역시 마음먹기에 따라 결과가 달라진다.

우생마사

👤 P의 생각: 순리에 따라야 기회가 온다.

충주 보조댐 인근에 살았던 나는 내 나이 열 살 때쯤 대홍수를 겪은 적이 있다. 비가 얼마나 많이 왔는지 집 앞에까지 강물이 차올랐고, 집과 나무와 가재도구들이 강을 따라 둥둥 떠내려갔다. 이따금 동물들도 보였는데 닭과 돼지는 떠내려가는 집의 지붕 위에서 안절부절 어쩔 줄을 몰라 했으나 소는 강물 위로 머리를 빼꼼히 내놓은 상태에서 별다른 움직임 없이 강물과 함께 유유자적이었다.

내 나이 오십이 되어서야 그 이유를 알게 된 소의 지혜다. 우생마사는 유속이 빠른 강물에 소와 말이 빠졌을 때 소는 살고 말은 죽는다는 뜻이다. 언뜻 보기에는 행동이 느린 소가 죽고 동작이 날렵한 말이 살아남을 것 같은데 결과는 정반대이다. 주목할 것은 소와 말이 강물에 빠져 떠내려갈 때 물속에서의 움직임이 다르다는 점이다. 성격이 온순한 소는 네 다리를 크게 움직이지 않고 강물에 몸을 맡긴 채 떠내려가다 강

기슭에 닿아 살아남는다. 헤엄 실력이 뛰어나고 성격이 급한 말은 네 다리를 쉬지 않고 움직이며 거센 물살을 이기려고 역류하다가 끝내 극복하지 못하고 제자리만 맴돌다 힘이 빠져 죽고 만다.

두 동물이 위험에 대처하는 방식이 너무 다르다. 우생마사가 주는 교훈처럼 우리의 인생도 순리에 따르면 너무 느려 답답해 보일 때도 있지만, 하는 일이 술술 풀리면서 될 일은 어떻게든 되고 안 될 일은 아무리 노력해도 안 되는 경우가 비일비재하다.

한번도 생각지 않은 지점으로 발령을 받았다. 팀장이 2명이던 지점에서 1명인 지점으로의 하향 이동이다. 칼바람이 부는 1월, 그야말로 만감이 충돌했다. 순간의 절망감은 이루 말로 표현할 수 없었으며 마음 깊이 간직해온 나의 꿈도 와르르 무너지는 기분이었다.

좌절과 흥분은 잠시로 충분했고 이럴 때일수록 정신을 더욱 바짝 차리자고 다짐했다. '벌어진 사태를 부정하거나 따지거나 악담도 하지 말자. 누군가를 원망하거나 미워하지도 말자. 기왕에 일어난 일이니 차라리 냉정하게 받아들이자. 이 모든 문제는 내가 만든 것이니까 내가 풀어내야 해. 순리에 따라 열심히 하다 보면 분명 언젠가 기회가 올 거야.'

오만가지 생각에 따라붙는 복잡한 심경을 뒤로하고 순리에 따르자는 다짐을 하고 새로운 지점에 부임했다. 전과는 달라야 살 수 있다는 절박한 위기감 속에서 습관적인 업무공식과 스타일을 바꿔 직원들과 즐겁게 일하면서 나만의 착각과 고정관념에서 벗어나는 계기를 만들었다.

① 회의문화를 개선했다.

책임자 회의(주 1회)와 직원 전체 회의(월 1회)를 생략했다. 중요한 내용은 담당자에게 개별적으로 전달하고, 전 직원이 알아야 할 현안은 사내 메신저를 활용했다. 일 잘하는 책임자급 직원이 정보공유 차원에서라도 가끔은 전체 회의를 해야 하는 것 아니냐는 언질을 줘 회의한 적이 몇 번 있다.

회의를 없애니 직원들의 스트레스가 줄어드는 것은 물론이고 각자의 시간도 늘어나 업무 준비에 여유가 생겼다. 그래서인지 직원들 간 대화와 웃음소리가 눈에 띄게 늘어났다.

② 일하는 방식에 변화를 줬다.

거래기업 사장이나 키맨으로부터 융자 상담이 들어오면 이를 담당자에게 전달하고 검토하라는 게 일반적인데 이것이 보이지 않는 지시형이 된다. 전부는 아니었지만, 내가 직접 상담을 받는 게 아니라 가능하면 창구에 있는 담당자와 먼저 상담하도록 유도했다.

담당자들은 거래처와의 직접 상담에 흥미를 보였고, 원활한 상담을 위해 관련 규정을 미리 공부하는 등 자신의 업무를 빈틈없이 처리하려는 멋진 태도를 보였다.

③ 의사결정 방식을 바꿨다.

일례로 회식이 있는 경우 팀장과 상의해 날짜와 장소를 정하고 직원들에게 통보해왔다. 절차를 바꿔, 회식의 주인공인 직원들의 의견을 최대한 수렴하기 위해 공람을 돌렸다. 회식 날짜는 직원들 간 사전 조율을 통해 정해진 두 개의 날짜 중 하나를 선택하고, 음식 종류는 먹고 싶은 것을 적으라고 해서 다수결로 결정했다.

직원이 제안한 아이디어였는데 여직원들이 특히 좋아했다. 의사결정에 자신들의 생각이 많이 반영되어서인지 회식에서 오가는 얘기 또한 업무가 아닌 유쾌한 말 일색이었다. 직원 중심의 의사결정이 영업점 분위기를 싹 바꾼 것이다.

전체 30년 정도를 직장에서 근무한다고 가정하는 경우 직장살이는 6만 시간이 넘고, 이 기간에 별의별 일이 다 발생한다. 하나의 예로 자신의 잘못이 전혀 없는 일 같은데 감사 결과, 이해하기 어려운 조치가 따르는 때가 있다. 그럴 땐 사유가 무엇인지 당연히 알아봐야 한다.

그런데 조직에서 내린 결정이 자기 생각과 다른 것 같다고 도가 지나칠 정도로 불만을 표출하거나 엄한 곳에 이의를 제기하여 문제를 키우거나 업무를 등한시하는 등 순리를 거스르다가는 틀림없이 감당하기 어려운 역풍과 마주치게 된다. 크든 작든 간에 빌미를 제공한 사람이 자신이기 때문이다.

만약 누군가를 원망하는 마음에 도도한 물결을 거슬렀다면 크게 역류할 수도 있는 상황에서 내게 닥친 현실을 인정하고 순리에 따랐던 행동이 지금의 나를 존재하게 해주었다. 말이 안 되는 사태가 벌어져도 흥분하거나 당황하지 말고 순리에 따르면서 자기 일에 충실하다 보면 어딘가에 재기할 방법이 반드시 있기 마련이다.

지점에서의 일이 순조롭게 잘 풀리고 재미도 있었지만, 공허한 가슴을 채우기는 역부족이어서 나의 꿈을 대체할만한 새로운 돌파구가 필요했다. 위기가 기회였는지 아니면 생각이 많아서였는지 터닝포인트를 찾아냈다.

글쓰기였다. 만약 나락으로 떨어지지 않았다면 이 글은 없었을 것이다. 상위 직급을 노리며 온 힘을 다해 일했을 것이기에 시간이 늘 부족하고 심적인 여유가 없음은 뻔한 일이다. 순리에 따르려는 노력과 새로운 꿈이 전혀 다른 세상을 자신감 있게 만날 수 있도록 이끌어주는 교두보가 되었다.

소통

👤 **P의 생각: 소소한 잡담이 소통의 시작이다.**

"다음 주 목요일 저녁 부장님과 소통의 시간이 있습니다. 편안한 마음으로 맛있는 음식을 드시면서 그동안 못 했던 얘기를 허심탄회하게 하시면 됩니다. 특별히 준비할 것은 없고 몸만 오시면 됩니다. 그날 늦지 않도록 업무 마감을 서둘러주시길 바라며 한 분도 빠짐없이 참석해주시면 고맙겠습니다. 감사합니다." 어느 날 서무담당 과장이 전달한 내용이다.

바쁘신 부장께서 공식적인 자리를 만들어 특별히 시간도 내고 저녁까지 사주며 직원들과 대화하고 싶단다. 주변에서 흔히 볼 수 있는 전형적인 소통 프레임이다. 특정 날짜를 지정하여 구성원 전체를 모이게 하고, 대화의 주제가 있다면 이것은 일방적인 회의 소집이지 직원들이 바라는 소통방식과 거리가 멀다. 규격화된 이런 자리에서 편하게 얘기할 수 있는 사람은 아무도 없다.

리더나 CEO는 언제 어디서나 소통의 중요성을 강조하면서도 소통을 먹통으로 만드는 경우가 많다. 소통이라는 것에 너무 많은 의미를 부여함과 동시에 구성원들의 감정이나 분위기를 무시한 채 뭐라도 얻어야겠다는 비장한 각오로 임하기 때문이다. 소통은 별도로 시간 내서 하는 게 아니다. 장소가 따로 정해져 있는 것도 아니다. 특별한 주제가 있는 것은 더더욱 아니다. 시간이나 장소에 구애받지 않고 평상시 틈나는 대로 아무 데서나 직원들과 말하고 웃고 떠드는 게 소통의 시작이다.

"김 대리, 오늘 점심 뭐 먹었어?"
"이가네 손칼국수요."
"아 그래. 나도 먹고 싶었는데."
"그럼 다음에 같이 가시죠."
"좋지. 어머님이 편찮으시다고 하던데 요즘 어떠신가?"
"많이 좋아지셨습니다."
"다행이군. 건강이 최고니까 맛있는 것 많이 사드려."
"네 지점장님, 신경 써주셔서 감사합니다."
짧은 시간에 사소하면서도 정감이 있는 감정교환이 이루어졌다. 대화하는 데 특별한 시간과 장소도 없었고, 내용도 서로에게 부담이 없는 소소한 잡담이 전부다. 아주 작은 대화가 신뢰의 물꼬를 터준 셈인데 이러한 과정을 한 번만 하고 끝내는 것이 아니라 계속 이어질 때 비로소 소통이 원활해진다.

이런 의미에서 직원들의 생일, 결혼기념일 등은 자연스러운 소통의 창구가 된다. 다소 진부해 보이긴 해도 이는 연출하지 않은 소통의 장으로 케이크나 꽃다발을 준비하여 축하해주고, 가벼운 농담이라도 던져서 주인공에게 관심을 표현한다.

"김 대리 생일 축하해. 요즘 업무 배우느라 정신없지?"

"박 과장 좋은 계절에 태어났네. 어쩐지 피부가 곱더라."

"손 팀장 축하합니다. 생일 초가 너무 많네요."

직원의 기념일을 정성껏 챙겨주면 그 당사자는 자신이 인정받고 있다는 생각에 일할 의욕이 저절로 생겨난다. 그리고 머지않아 어떤 형태로든 반응을 보일 것이다. 활짝 열어주는 마음의 문이다.

각종 기념일이 소통의 시작을 알리는 절호의 기회임에도 매번 찾아오는 날이라며 마지못해 시늉만 내는 리더가 있다. 어떻게든 직원들과 소통할 요량이라면 기념일이라도 잘 챙겨 잡담할 기회를 만들어야 한다. 이때 리더는 유창하게 말을 잘하는 무대 중앙의 MC가 아니라 객석에 앉아 무대를 빛나게 해주는 패널처럼 말하는 게 중요하다.

소통에 있어서 신뢰는 무시할 수 없는 핵심 요소로서 공감이나 이해와 같은 화려한 단어보다 더 중요한 역할을 한다. 신뢰를 잃으면 모든 걸 한꺼번에 잃을 수 있기 때문인데 소통에 있어 '척'하는 분장은 심각한 방해물이 된다.

신뢰를 바탕으로 서로의 생각이 탁구공처럼 양쪽 테이블을 왔다 갔다 정직한 대화를 이어가는 게 소통의 기본이다. 어느 일방이 본색을 가린 채 '척'하는 속임수를 써서 자신의 점수만 얻으려고 하면 재미도 없고 정당하지도 않아 힘에 겨워진 상대 선수가 중도에 포기하고 말 것이다. 그러면 소통은 거기서 끝이다. 서로가 솔직해야 한다.

모르는 게 있을 때 이를 솔직히 인정하는 리더가 흔치 않다. 인정하는 자체가 리더의 자질을 의심받게 되고, 자신의 권위가 떨어진다고 생각하기 때문이다. 위기의식을 느낄 때는 모르는 일을 매우 잘 아는 척하거나 오히려 더 과감하게 지시하고 의사결정을 하기도 한다.

그러나 직원들은 상사가 잘 모르면서 엉뚱한 방향으로 지시 내리고 있다는 것을 이미 알고 있다. 소통하겠다고 그렇게 난리를 치던 리더가 자신의 위신 때문에 신뢰와 동떨어진 행동을 하는 것이다.

직급이 올라갈수록 신뢰의 중요성이 점점 커진다. 엄한 위치에 있는 상사가 '아는 척'이 아니라 사실대로 말할 때 아랫사람들은 솔직하게 말하는 그 상사에 대해 '엄지척'하며 무한 신뢰를 보낸다. 서로에 대한 신뢰가 있어야 소통도 가능한 일이다.

쓴소리

👤 P의 생각: 잘 혼내는 것도 하나의 전략이다.

　리더들은 조직을 어떻게 이끌어야 하는지 늘 고민한다. 그 중 가장 큰 포지션이 직원들을 꾸짖는 일이다. 혼내야 할 일이 생겨도 직원들의 눈치를 보느라 제대로 꾸짖지 못하고 가슴앓이를 하는 리더가 있다. 혼난 직원과의 관계 유지가 제일 큰 걱정이고, 그 직원이 자신에게 불리한 말을 퍼트리고 다닐지 모른다는 우려도 한몫한다. 그래도 잘못한 게 있으면 엄중히 훈계하여 재발을 방지하고, 다른 사람에게도 경각심을 일깨워줘야 한다.

　쓴소리해야 하는 일이 1년에 몇 번이나 발생할까? 아예 없거나 있어도 한두 번에 그칠 것이다. 가뭄에 콩 나듯이 어쩌다 있는 잘못을 눈감아주면 당사자는 자신이 뭘 잘못했는지 끝내 알아채지 못할 수 있고, 실수해도 괜찮다는 안일한 인식을 심어주게 된다. 긴장감이 떨어져 업무를 대하는 태도가 나태해질 공산도 크다. 잘못한 부분을 정확히 짚어주고 훈계하는 것이 당사자의 정신상태를 다잡아주는 일이면서 조직을 건강하게 이끌어 가는 올바른 조치다.

누군가를 혼내는 일은 조심스럽고 민감한 문제다. 따라서 뒤끝이 없도록 잘 혼내기 위해서는 고도의 전략이 필요하다. 즉흥적으로 무작정 혼내기보다는 혼을 내기 전 잠시 생각하는 시간을 가져야 하고, 여기에다 혼내는 요령까지 알고 있으면 금상첨화다.

① 혼나는 사람의 자존심을 지켜줘야 한다.

아랫사람이 아무리 큰 잘못을 했어도 최소한의 예의가 필요하다. 동료들 앞에서 공개적으로 혼내는 일은 절대 금물이다. 여러 사람 앞에서 지적당하면 잘못을 반성하기는커녕 모욕을 당했다는 생각에 반항심만 생기고 자존감이 떨어지면서 씻을 수 없는 상처를 입게 된다.

비록 잘못이 있어 꾸지람을 듣고는 있어도 소중한 인격체로서 그 사람의 자존감을 해쳐서는 안 된다. 요즘은 직원들 앞에서 공개적으로 혼내는 일이 상황에 따라서는 '직장 내 괴롭힘 금지법'에 해당할지도 모를 일이다. 혼낼 일이 있으면 조용한 곳으로 불러 일대일로 지적하되 당사자가 무엇을 잘못했는지 자세하게 알려줘야 한다.

② '칭찬 샌드위치' 방식으로 혼내면 효과 제로다.

칭찬 샌드위치란 칭찬을 한 다음, 본론으로 들어가 혼을 내고 마지막에 또다시 칭찬으로 끝내는 것을 말한다. 혼나는 직원의 반발심도 예상되고 상처도 입을 것 같으니 칭찬과 섞어서 완곡하게 혼을 내는 것이다.

그런다고 해서 야단맞는 사람의 기분이 좋아지지 않는다. 직원은 어린아이가 아니다. 전후 사정을 다 알고 있는 상태에서 혼난 것만을 기억하지, 칭찬은 그냥 쇼라고 생각한다. 혼을 낼 때는 오로지 혼만 내는 게 좋다.

③ 혼만 내야지 감정이 섞인 화를 내면 안 된다.

잘못한 직원을 보자마자 그 자리에서 바로 혼을 내면 그건 그냥 분풀이하는 것밖에 안 된다. 일단 화를 가라앉힌 다음 냉정하고 객관적인 관점에서 혼을 내야 직원이 반발하지 않는다. 혼내는 도중에 반항하는 듯한 모습을 보이거나 표정이 좋지 않다면 속으로 상사를 욕하고 있다는 뜻이다.

목소리의 크기 또한 중요하다. 언성을 높이면 반성이고 뭐고 기대할 게 없어지기 때문에 평상시의 말투로 차분하게 말해야 혼나는 직원이 반발심을 갖지 않고 진심으로 뉘우친다. 화가 난 상태라 어려울 수 있으나 그래도 그 직원이 왜 그렇게 했을까를 생각해보면 화의 강도가 누그러지기도 하고, 어느 때는 이해가 되기도 한다.

데드라인

👤 P의 생각: 데드라인은 가능한 한 짧게 잡아라.

뜬금없이 어디선가 금일 마감, 마감 임박이라는 문자가 온다. 관련도 없고, 관심도 없는 쓰레기 정보일 것인데도 마감이라는 말에 그 내용이 궁금해지면서 확인하고 싶은 게 사람의 심리다. 아무 상관도 없는 일이 이 정도일진대, 평소 관심을 뒀던 사안이 마감 임박이라는 단어로 수식되는 경우 긴장감마저 돈다.

백화점이나 대형 판매점에서 세일을 할 때 많은 고객의 관심을 끌기 위해 한시·한정 판매 또는 마감 임박이라는 기법을 자주 구사한다. 많이 팔겠다는 욕심에 그 기간을 한 달로 잡으면 넉넉해진 시간으로 인해 박진감이 떨어지고, 아직 시간이 충분하니 급할 게 없다는 고객이 많아지면서 계획했던 성과를 거두기 어렵다. 만약 기간을 3일 또는 5일로 짧게 잡으면 관심 있는 고객들은 안달이 난다. 자신이 옛날부터 점찍어 놓은 물건을 다른 사람이 먼저 가져가면 어쩌나 하는 걱정에 고상고상한 밤을 보낼지도 모를 일이다.

회사 전반의 연간 업무계획을 작성하는데 최소 3개월 이상 걸리고, 매년 10월 초가 되면 주무 부서에서 부서별 업무계획을 11월 말까지 내라고 공지한다. 이에 부장이 회의를 소집해 부서 업무가 충분히 반영되도록 촘촘하게 작성하여 제출하라고 지시한다. 그런데 시간이 지나도 아이디어 회의는 하는 둥 마는 둥 하고, 업무계획을 작성하는 담당자도 급하지 않기는 마찬가지다. 아직 시간이 많다는 생각에서다.

한 달 정도가 지나서 부장이 직접 챙겨보지만, 업무계획이라고 하기에는 초라하기만 하다. 크게 분노한 부장의 말 한마디에 그때부터 비상이 걸린다. 부랴부랴 팀별로 회의를 열고, 몇 명의 직원이 밤늦게까지 남아 속전속결로 단 며칠 만에 완성하여 제출한다. 시간이 많다고 해서 진지하게 토의도 하지 않았고, 쓸 만한 아이디어도 제시하지 못했으며, 그렇다고 입맛에 맞는 업무계획이 나온 것도 아니었다. 이러한 현상은 거의 매년 반복되었다.

한 달로 잡은 한시 판매나 업무계획 작성의 경우처럼 주어진 기간에 상관없이 대부분이 끝내야 할 시간이 코앞에 닥쳐서야 행동하려고 한다. 시험이 한 달 남았다고 치면 3주일 내내 계획만 짜다가 마지막 1주일 동안 벼락치기로 공부하는 것과 흡사하다.

업무를 추진할 때도 충분한 시간이 필요하기는 하나 때로는 데드라인을 짧게 하는 게 더 효과적일 수 있다. 이는 담당자가 게으르다거나 그 사람을 불신해서가 아니다. 시간이 많다고 해서 주어진 시간만큼의 성과가 나오지 않고, 되레 길어진 시간을 어떻게든 채우기 위해 안 해도 되는 일을 만들어서 하는 경향이 있기 때문이다.

어느 작가의 말이다. 글쓰기를 시작할 때 시간적 여유가 많으면 좋은 글이 많이 나올 것으로 생각하지만, 그렇지 않단다. 반대로 원고 마감 시간이 임박해오면 시간에 쫓기면서도 자신도 모르게 좋은 글귀와 문맥이 저절로 떠올라 글쓰기가 일사천리로 진행된다고 한다. 긴박감이 가져다주는 창조의 힘일 것이다.

데드라인이 길면 여유가 생겨 행동이 느려지는 반면에 짧으면 불평을 하면서도 생각과 행동은 이미 움직인다. 시간이 부족하다 싶을 때 오히려 더 집중하게 되고, 속도감 있게 일했던 기억이 여러 번 있다.

불만이었던 데드라인이 촉매제 역할을 하면서 일하는 속도가 빨라지고, 의외의 아이디어가 속출하는 등 일의 완성도를 높여주곤 한다. 하지만 볶아치듯 추진하는 업무 때문에 직원들이 받는 스트레스 또한 크다는 점을 리더는 늘 기억해야 한다.

디테일

👤 P의 생각: 사소한 것이 성패를 가른다.

100-1은 얼마일까? 수학에서는 '99'이지만, 비즈니스에서는 '0'이다. 정답이 정해진 수학과는 달리 사회 영역에서는 1%의 실수가 전체에 영향을 미쳐 낭패를 볼 수도 있다. 그럼 100+1은 얼마일까? 사소한 실수나 위험을 사전에 차단하여 빈틈없이 대처하면 101이 아니라 '200%'까지도 가능하다.

Dream is now here. 꿈은 바로 여기에 있다. 만약 깜빡해서 스페이스 한번 누르지 않으면 Dream is nowhere. 꿈은 어느 곳에도 없다가 되어 원대한 희망이 졸지에 절망이 되고 만다. 사소한 점 하나가 사람의 운명을 쥐락펴락하는 것이다.

표시가 나지 않는다고 깨진 유리창을 그대로 방치하면 지나가던 사람들이 돌을 던져 그 유리창의 나머지 부분까지 모조리 깨뜨리고, 심지어는 그 건물에서 절도나 강도 같은 강력 범죄가 일어날 확률까지 높아진다고 한다.

깨진 유리창 하나가 그 건물 전체를 무법천지로 만든다는 게 깨진 유리창의 법칙이다. 유리창이 깨졌다면 최대한 빨리 갈아 끼워야 한다. 분명 깨진 유리창은 더 큰 문제가 다가오고 있다는 징조인데 이를 작고 사소한 일로 간주해 수리를 미루거나 그대로 방치하는 경우가 적지 않다.

고객이 겪은 단 한 번의 불쾌한 경험, 한 명의 불친절한 직원, 정리되지 않은 매장의 상품 등 작고 사소한 부주의 역시 위험을 부르는 조짐이다. 이것이 누적되고 악화하여 기업 전체를 파산시킬 수도 있다.

미셸 부커가 다보스포럼에서 처음 발표한 '회색 코뿔소'는 지속적인 경고로 충분히 예상할 수 있으나 쉽게 간과하는 위험 요인을 의미한다. 위험이 다가올 가능성이 매우 크고 뻔히 보이지만, 그 위험을 가볍게 여기고 사전에 대처하지 않으면 큰 위험에 빠지게 된다는 것이다.

코뿔소는 덩치가 상당히 커 멀리에서도 눈에 잘 띄며 진동만으로도 그 움직임을 직감할 수 있다. 그런 코뿔소가 '나는 위험한 동물이니 빨리 대피하시오.'라는 위험 신호를 눈에 보이는 곳에서 계속 보내오는 경우가 있다. 사람들도 조만간 큰 위험이 닥칠 것이라 예상은 하는데 벌어진 현실도 아니고, 미리 대처하는 것도 귀찮아 이를 회피하거나 애써 태연한 척한다.

그러다 자신을 향해 무섭게 돌진하는 코뿔소를 보는 순간 겁에 질려 징신을 잃거나 온몸이 얼어붙어 가만히 있게 된다. 우리 사회나 거대한 조직에서 흔히 발생하는 일이다. 감당하기 어려운 위험을 벗어나기 위해서는 회색 코뿔소가 달려오기 전에 만반의 대책을 세워야 한다. 아니면 그 자리를 최대한 빨리 피하는 게 상책이다.

집안의 냄비나 솥뚜껑을 들다 보면 나사가 조금 풀려 덜렁거리는 물건이 있다. 문의 손잡이가 그렇고 가전제품도 그렇다. 그때 바로 나사를 조이지 않고 그냥 놔두는 경우 흔들림이 더 커지고 듣기 거북한 소리까지 난다.

아직은 쓸만하다고 그냥 내버려 두면 나사가 완전히 풀려 손잡이가 떨어져 나가고, 나사는 어디로 갔는지 찾기도 어렵다. 이 정도의 상황이라면 본체는 멀쩡한데 손잡이가 없어 쓰기가 어렵거나 아예 못쓰게 되어 서비스 센터를 찾아야 한다. 당장 쓰기에는 회복 불능 상태가 되었고, 정도에 따라 수리 비용이 청구될 수도 있다.

리더들은 조직의 나사가 풀려 어디선가 작은 소리가 들릴 때 즉시 그곳을 찾아내 나사를 조이고 처치해야 한다. 빠를수록 기회비용이 적게 들고 시간도 절약된다. 사소한 것이 성패를 가르는 법이다. 소 잃고 외양간을 고칠 게 아니라 미리 외양간을 고쳐 소를 잃지 않는 것이 현명한 리더의 자세다.

손실 회피

👤 P의 생각: 손해가 따르는 일은 누구나 싫어한다.

'인간의 감정 체계는 긍정적인 감정의 경험은 최대한 많이, 부정적인 감정의 경험은 최소화하도록 우리를 이끈다.'고 미국의 임상심리학자인 폴 에크만이 밝혔다. 사람은 누구나 행복하기를 원하지, 두려움이나 분노·혐오·슬픔 등을 피하고 싶어 한다는 것이다.

무언가를 잃거나 손해 보는 것을 싫어하며, 두려움이나 슬픔에서 벗어나고자 하는 게 인간의 심리이다. 이러한 심리, 즉 손실을 회피하려는 편향에 근거하여 이익을 볼 때는 불확실보다 확실한 것을 선택해 이익을 취하지만, 손해를 볼 때는 금액과 상관없이 그 손실을 만회하기 위해 작은 확률에도 기를 쓰고 매달리게 된다.

또한 논리적 판단을 방해하여 얻는 것과 잃는 것에 대한 가치를 다르게 평가한다. 손실을 확대해서 인식하도록 만드는 것인데 같은 금액의 이익과 손실이 동시에 발생했을 때 두 개를 더하면 합계에 변화가 없는데도 이익으로 얻는 만족보다 손실에 따른 고통을 두 배 정도 더 크게 느낀다.

예를 들어, 보유 중인 A 주식이 1,000원이 떨어지고 B 주식이 1,000원이 올랐다면 금전적인 손실이 전혀 없다. 그러나 B 주식이 최소한 2,000원 이상 상승해야 정서적인 충격과 고통이 상쇄된다는 뜻이다. 주가가 1,000원 올랐을 때 느끼는 즐거움보다 1,000원 내렸을 때 받게 되는 고통이 훨씬 더 크기 때문이다.

가만히 있으면 중간은 간다는 말이 있다. 어떤 문제가 발생했을 때 괜히 아는 척하다가 잘 모르거나 엉뚱하게 말하면 각종 비난이 쏟아진다. 이와는 달리 말하지 않고 잠자코 있으면 당사자가 그 사안에 대해 알고 있는지 모르고 있는지를 남들이 눈치채지 못하고, 말하지 않았기에 책임질 일도 없다. 공연히 나서서 손해를 보느니 아무런 손해도 없고, 이익도 없이 그저 중간만 하자는 결심으로 침묵의 길을 선택한다.

직장에서 회의할 때 준비를 충분히 하지 못해 '침묵은 금'이라며 이 원칙을 유난히 잘 지키는 사람이 '중간만'에 해당한다. 회의 중에 잘못 발언했다가 나중에 호되게 책임지는 사태를 봐왔고, 자신 역시 책임져야 하는 일이 발생할 수 있음을 예상하기 때문이다.

직장인을 포함하여 누구나 책임이 따르는 일을 싫어한다.

평소에 하던 본연의 일도 결과에 대해 책임지라고 하면 두세 번 생각하게 된다. 그런데도 일은 해야 하고 책임은 지기 싫어하는 편향 때문에 튀어나온 돌이 정 맞는다면서 크게 앞서거나 뒤처지지 않고 안전하게 중간만 하려고 한다.

중간만 하자는 태도가 무사태평으로 보여 리더의 관점에서는 선뜻 수긍하기 어려운 마음가짐이다. 직무 해태로까지 보이는 이러한 태도를 개선하기 위해서는 손해와 책임을 극히 싫어하는 인간의 속성을 이해하고, 업무를 추진할 때 이를 충분히 고려해야 한다.

리더는 중간만 하자는 생각에 대해 '복지부동'이니 '무사안일'이라는 엄한 말을 동원하여 직원들을 평가절하하며 상처 주기에 앞서, 역지사지의 자세로 그들이 불편해하는 상황과 심리를 헤아려줘야 한다.

실패의 책임을 묻기보다 실패의 아픔을 치유해주고, 질책보다 칭찬이나 보상을 확대하는 조치가 필요하다. 나아가 앞서가는 직원의 발목을 잡지 않고 뒤처지는 직원의 재기를 돕는 제도적·문화적 장치도 함께 마련되어야 한다. 추측건대 리더 본인도 자신이 손해 보는 일을 싫어할 것이다.

회신 속도

👤 P의 생각: 응답의 속도가 신뢰를 좌우한다.

단지 은행원이라는 이유로 각계각층의 사람들로 구성된 성균관대학교 성균인문동양학아카데미SAAH 총원우회 사무총장을 5년 정도 역임한 적이 있다. 여기에서 다양한 사람을 만나며 그들로부터 선한 영향을 받았고, 과학기술이 발달할수록 인문학이 더 필요하다는 사실도 알게 되었다.

원우회는 연령대가 다양하고 행사도 많다. 상하반기로 나눠 1년에 두 번은 체육행사가 있고, 연초에는 신년회가 연말에는 송년회가 있다. 여기에다 좀 더 끈끈한 원우들끼리는 가끔 번개까지 있어서 모임을 갑자기 주선하기도 한다.

행사가 임박하여 그 내용을 문자로 발송하면 참석을 하든 못하든 간에 받는 즉시 답장을 보내오는 사람이 있다. 빠른 피드백이 그런 것처럼 매우 신뢰할 수 있다. 또는 다음날 '회신이 늦어서 죄송합니다.'라는 말과 함께 답장을 보내오는 원우가 있다. 이 사람도 신뢰가 간다.

파레토의 법칙은 어찌나 그리 잘 들어맞는지 평균적으로 회원의 80% 정도가 성실하게 응답하는 반면에 나머지 20%는 아예 묵묵부답이다. 문제는 이런 사람들이다. 신뢰가 가지 않는다. 어떤 이는 아예 연락을 받지 못했다고 한다. 아마 당신이 속해있는 모임도 별반 다르지 않을 것이다.

기다려도 응답이 없으면 결국은 전화를 걸게 되는데 대부분이 개인적인 선약이 있거나 갑자기 중요한 일이 생겨 참석이 어렵다고들 한다. 진작에 그렇다고 답변해주면 좋았을 것을 20%의 사람들로 인해 나는 내 본연의 일에 집중하지 못하는 일이 벌어졌다. 어떤 이는 행사내용을 전혀 몰랐다고 발뺌하는 예도 있다. 그래서 요즘은 답변이 없는 경우 '불참' 또는 '동의'로 간주하겠다는 확정적 단서를 달아 문자를 발송한다.

모임에서 연락을 취해야 하는 일이 생길 때 대부분 전화보다 대량으로 주고받을 수 있는 문자나 이메일을 많이 사용한다. 행사내용을 공지하면 회신의 속도에 상당한 차이가 있다. 즉시 응답하는, 하루 이틀 정도 지나서 응답하는 그리고 아예 응답이 없는 사람으로 분류가 된다. 이러한 구분은 응답자에 대한 신뢰의 척도가 되고, 회신이 오기만을 손꼽아 기다리고 있는 발송자에게는 그 사람이 어떤 부류인지를 알려주는 유의미한 정보가 된다.

상대방이 보내오는 회신의 속도에 따라 즉시 응답하는 사람은 마음이 편하면서 믿음이 간다. 응답이 없는 사람은 신경이 쓰이면서 신뢰감이 떨어진다. 회신 속도가 제한적이지만, 또 다른 자신을 대변하는 꼴이다.

누군가로부터 연락을 받으면 참석이 어렵거나 제시된 의견이 맘에 들지 않더라도 다른 사람 눈치 살피지 말고 가능한 한 빨리 회신한다. 모임을 활성화하고 행사 주최자를 돕는 일이면서 자신에 대한 신뢰감과 평판도 좋아진다. 회신이 늦을수록 신뢰하기 어려운 사람으로 인식되고, 괜한 오해와 불신을 일으킬 수도 있다.

회신 속도가 빠른 사람은 대부분 성격이 똑 부러지고, 직장내에서도 인정받는 사람들이었다. 회신이 없는 사람들은 십중팔구 모임에 관심이 없거나 불만이 있거나 반대이거나 불참이었다.

회신 속도의 중요성은 단체에만 적용되는 함수가 아니다. 가족 간에도 그렇고, 개인적인 연락에서도 그렇고, 기업 간거래에서도 똑같이 적용된다. 회신 속도가 빠른 사람이나 조직은 어디에서나 환영을 받는다. 속도가 곧 경쟁력으로 인정되는 디지털 세상에서는 회신 속도의 중요성이 점점 더 커진다고 볼 수 있다.

〈성균관대학교 성균인문동양학아카데미〉

성균인문동양학아카데미(SAAH)는 600여 년의 유구한 인문 동양학 전통과 첨단 과학기술의 융합을 시도하고 있는 성균관대학교만이 할 수 있는 교육 프로그램이라고 자부합니다.

동양의 정신문화를 토대로 지(智)·인(仁)·용(勇)이라는 인문 동양학 3대 가치에 기반한 큰 선비의 창의적 리더십을 실질적으로 구현하기 위해 프로그램 구성과 내용을 새롭게 개편하였습니다.

또한 동양고전과 정신 가치[智]·문화예술과 인간세계[仁]·인문 Tech와 창의 리더[勇] 분야에서 국내 최고로 인정받는 전문가를 강연자로 초청하여 디지털과 AI가 일상화되는 세상에서 유의미한 미래가치를 창출할 수 있도록 맞춤형 교육콘텐츠를 착실히 마련하였습니다.

논어와 같은 동양고전 학습을 통한 인문학적인 소양의 체득은 이기적이고 자기중심적인 사고를 정화하고, 우리 사회가 더 나은 방향으로 전진할 수 있도록 하는 혜안을 줄 수 있다고 확신합니다.

끝으로 본 프로그램이 우리나라 저명 인사들에게 자신의 본성을 회복하는 수기(修己)와 사회에 선한 영향력을 확산하는 치인(治人)의 과정에 튼실한 씨앗이 되기를 희망합니다.

이상은 주임교수인 고재석 교수의 인사말이다.

2014년 시작된 본 과정은 2022년 10회까지 총 350여 명의 동문을 배출함으로써 성균관대학교의 명실상부한 인문학 과정으로 성장했다. 이들이 사회 곳곳에 자리하여 인문학의 향기를 전파하고 있으며 인재 양성을 위해 힘쓰고 있는 학교에 발전기금을 쾌척

하는 등 그야말로 인문학 정신을 톡톡히 발휘하고 있다.

특히 코로나라는 악재를 만나 각 대학의 최고경영자 과정 등이 수강생 모집에서 고전을 면치 못하고 있으나 많은 동문의 적극적인 협조, 주임교수의 열성 그리고 본 아카데미의 노하우가 조화롭게 결합하여 그 위기를 무사히 극복해내면서 새로운 전기를 마련하고 있다.

해가 갈수록 그 저력을 발휘하는 성균인문동양학아카데미는 10주년이 되는 2023년을 재도약의 원년으로 삼고 다양한 프로그램과 이벤트를 준비하고 있다.

유통기한

👤 P의 생각: 명함에도 유통기한이 있다.

내 명함 이름 바로 위에 나의 꿈이기도 한 '한 권의 책을 쓰고 싶은'이라고 쓴 적이 있었다. 사람을 만나 명함을 주고받으면 십중팔구는 '꿈이 좋다, 혹시 작가이냐, 장르가 어떻게 되느냐, 지금까지 몇 권의 책을 썼느냐.'와 같은 질문이 돌아온다. 그러면 "단지 희망 사항일 뿐입니다."라고 답변한다.

이러한 질문을 받는 날이면 자신과의 약속을 지켜야 한다는 작은 부담감이 생기면서도 다른 사람이 내게 관심을 보인다는 생각에 기분은 좋아진다. 색다른 명함이란 말을 자주 들었으며, 관심을 보였던 사람 중 일부는 지금도 책이 언제 나오느냐고 물어보곤 한다.

직장인들에게 명함은 자신의 신상 보고서나 다름없다. 명함만 보고서도 회사 내 권한, 연봉 수준, 직업적 성향과 사회적 영향력 등을 어림잡을 수 있다. 명함에는 주로 이름과 직책, 회사명과 연락처가 적혀있고 자신을 조금이라도 더 알리고 싶은 욕심으로 명함 뒷면에 살아온 이력을 깨알같이 적는 사람도 있다.

명함을 나의 경우처럼 만드는 게 그리 나쁘진 않을 것이다. 누군가와 명함을 주고받을 때마다 상대에게는 자신을 개성이 넘치는 인물로 기억되게 하고, 자신은 명함에 쓰인 대로 행동하라는 주문을 스스로 받는다.

이름 바로 위에 자신을 대표할 수 있는 문구 또는 이루고자 하는 꿈이나 희망을 짤막하게 적는다. 문구는 자신이 알아서 정하면 된다. 예를 들어 'Smile Man, Happy Lady, 생각을 디자인하는, 미소가 아름다운, 신뢰를 최고로 삼는' 등등이다. 눈치가 빠른 사람은 명함을 주고받는 짧은 순간에도 그 문구를 포착하고는 곧바로 발전적인 말문을 이어가 생각지도 않은 결과를 만들어내기도 한다.

각종 음식물에는 유통기한이 표시되어 있는데 아무리 영양가가 높고 몸에 이로운 음식이어도 유통기한 이내라야 안심하고 맛있게 먹을 수 있다.

명함도 그렇다. 회사에서 특정한 업무를 맡고 있을 때라야 명함의 위력이 발휘된다. 사정이 생겨 보직을 잃거나 한직으로 전보되는 경우 명함의 힘은 자동으로 떨어지고, 회사를 퇴직하면 오랫동안 자신을 대변하던 명함은 쓸모없는 종이로 전락한다. 명함의 유통기한이 끝나는 순간이다. 지금껏 명함에 새겼던 이름은 본연의 모습이 아닐 것이다. 유통기한 이후에 불려질 호칭이 그 사람의 진짜 모습이자 새로운 삶의 징표이다.

명함의 유통기한은 생각보다 짧다. 대기업, 공기업 타이틀이 뭐 그리 대단한 일도 아니고 퇴직 이후의 삶을 보장해주는 것도 아니어서 힘이 있을 때 잘해야 한다. 사람을 귀하게 여기고 존중하여 좋은 관계를 만드는 일이다. 무슨 일이든 믿고 응원해주면서 어려운 일이 닥쳤을 때 도와도 주고, 아픔이 있을 때 함께해주면 내 사람이 될 가능성이 크다.

명함이 없어도 살아갈 수 있는 역량을 명함의 유통기한 내에 갖추는 일 또한 중요하다. 회사라는 따뜻한 온실 안에 있을 때 명함에 의지하지 않아도 되는 자신만의 실력과 기회를 미리 준비하고 만들어놓는 것이다. 그래야 자신감이 생기면서 미래가 기다려진다.

그저 명함의 수명이 다하기만을 앉아서 기다리면 생명력 잃은 이력만 남겨질 뿐이다. 회사를 벗어나 미래를 준비하려면 두세 배 더 힘이 든다. 자신의 의지만 있으면 가능할 것 같은 공부와 투자도 명함의 유통기한 이내라야 여유를 갖고 할 수 있다.

공짜의 함정

👤 P의 생각: 이 세상에 공짜는 없다.

물품이나 서비스를 구매할 때 비용−편익을 고려해야 한다. 이는 기초적인 경제원리로 여러 대안의 비용이 같다면 편익이 가장 큰 대안을 선택하고, 편익이 유사하다면 비용이 가장 적게 드는 대안을 선택하는 것이다. 그런데 어떤 것이 공짜일 때 그에 대해서 비용−편익을 분석하지 않는 경향이 있어 공짜가 아닌 것(편익)을 제쳐두고, 공짜인 것(비용)을 선택하는 의사결정이 실제로는 최고의 선택이 아닐 수도 있다.

저녁 식사를 하기 위해 가족들과 식당가를 찾았다. '만리장성 개업 1주년 기념, 군만두 무료 제공'이라는 현수막이 눈에 들어온다. 사실 오늘은 건강을 생각하여 된장찌개를 먹자고 했었는데 중국집에서 내건 군만두 공짜라는 말에 현혹되어 애초의 계획은 내팽개치고 선택을 저울질하게 된다.

이 상황에서 당신은 계획대로 건강을 선택하겠는가? 아니면 사은행사를 선택하겠는가? 대형 할인점 계산대 옆에 놓인

원플러스원을 무심결에 집는 것처럼 대부분이 공짜가 붙어있는 쪽을 선택할 확률이 높다.

기름이 잔뜩 묻은 군만두를 좋아하지 않으면서도 잠시의 고민 끝에 공짜의 유혹을 뿌리치지 못해 기어코 빨간 문을 열고 만다. 공짜로 인해 건전하고 냉철해야 할 판단력이 흐려지면서 목적했던 된장찌개를 먹지 않는 함정에 빠지는 것이다. 공짜에 대한 기대심리는 공짜의 규모가 클수록 커진다.

공짜의 또 다른 함정은 공짜에 익숙해진 것들을 나중에 비용을 지불하고 구매하기가 어렵다는 점이다. 무료로 쓰던 인터넷 앱 서비스가 유료로 전환되어 한 달 이용료가 1천 원이라고 하면 난리가 난다. 그동안 자신의 취미생활을 즐겁게 할 수 있도록 도와줘 많은 편익과 고마움을 수시로 느끼고 있었음에도 안 내던 돈을 내라고 하니 상당히 당황한다. 서운한 감정이 들었는지 평점을 별 하나로 매기고 안 좋은 리플을 달고 나서는 또 다른 공짜를 찾아 인터넷을 서핑하며 아까운 시간을 허비한다.

따지고 보면 1천 원은 아주 적은 비용이다. 충분히 구매할 수 있는 가격인데 전에 누려왔던 공짜의 유혹에 매몰되어 지금껏 고맙게 생각해온 앱에 쓰는 단돈 1천 원을 아까워한다. 그러면서도 아이스 아메리카노 한 잔 마시는 데 드는 5천 원은 아낌없이 쓴다.

2021년 서울 성동구에서 경기도 고양시로 이사했다. 주변이 산으로 둘러싸여 공기가 신선하고, 조용하고, 쾌적해서 좋다. 집에서 몇 km 정도만 나가면 괜찮은 식당과 카페가 즐비하여 마치 전원생활을 하는 듯한 기분에 빠진다. 한편으로는 서울 시내에 있는 직장과의 거리가 멀어져 출퇴근 시간이 대략 1시간 이상 늘어났고, 교통편도 예전 같지 않아 몸이 피곤할 뿐 아니라 사람 만나는 일도 집과의 거리를 한 번 더 생각하게 된다. 전원생활 비슷한 삶을 얻었지만, 시간을 너 많이 지급해야 하고 대인관계의 횟수도 줄어들었다.

등가교환은 동일한 가치를 가졌다고 판단되는 두 가지 상품을 서로 교환하는 것을 말한다. 얻으려는 게 있으면 그와 동등한 뭔가가 필요하다는 의미다. 등가교환의 법칙처럼 세상에는 절대로 공짜가 없어 얻는 게 있으면 반드시 그에 대해 치러야 할 상대가격이 있다. 이걸 무시한 채 불균형 거래를 반복하면서 무일푼으로 받기만 하다 체하는 사람들이 적지 않다. 만남이 서서히 뜸해지다 어느 날 갑자기 끊어지는 일이다.

밥을 공짜로 먹었으면 말로만 '잘 먹었어.'라고 할 게 아니라 자신도 등가교환을 해야 원만한 관계를 유지할 수 있다. 미국의 경제학자 밀튼 프리드먼은 '이 세상에 공짜 점심은 없다.'고 했다. 무언가를 얻으려면 반드시 그에 대한 대가(비용)를 지급해야 한다는 말이다.

우물의 물

👤 P의 생각: 비울수록 채워지는 게 자연의 이치다.

우물은 사계절 내내 일정한 수위를 유지하며 겨울에는 따뜻한 물을, 여름에는 시원한 물을 내어준다. 물을 아무리 퍼내도 이에 아랑곳하지 않고 비워졌다 싶으면 어느샌가 새로운 물을 채우면서도 항상 일정량만 유지하려는 선한 관성으로 인해 물이 넘치도록 받아두지 않는다.

가득 찬 우물에 필요한 것은 이제 그 물을 덜어내는 일이다. 수압이라는 자연의 원리에 따라 작동되는 우물이라지만, 퍼내고 비우지 않으면 새로운 물이 올라오지 않고 채워진 물을 계속해서 묵혀둘 때 숙성하는 게 아니라 되레 썩어, 마실수 없는 물이 되고 만다. 우물의 물은 비우고 비워도 자동으로 메워지고, 계속해서 퍼내야 우리 몸에 이로운 물을 마실수 있다.

손이 잘 안 가는 옷인데 옷이 많아야 잘 입게 될 것이고, 언젠가 입을 거라는 막연한 기대감 때문에 오래된 옷조차 버리지 못하고 계속해서 옷장에 걸어둔다. 큰돈을 주고 산 옷, 생일선물로 받은 옷, 추억이 담긴 옷과 같이 버리지 못하는 이유도 참 여러 가지다. 기대와는 달리 속절없이 흐르는 세월 속에서 걸어둔 옷이 결국은 짐 아닌 짐이 되고, 옷이 많을수록 옷 입기가 더 불편해지는 기현상이 벌어진다.

어느 패션디자이너는 입지 않는 옷을 미련 없이 버리고 나면 옷 입기와 옷 관리 스트레스가 줄어든다고 하면서 '패션의 시작은 옷장 정리부터'라고 강조했다. 자신에게 잘 어울리는 옷을 옷장에서 찾기 전 가장 먼저 취해야 할 조치가 옷장을 비우는 일이다. 얼마 전 이사를 하면서 잘 안 입던 옷을 과감히 버리고 나니 속이 다 후련했고, 새로 이사한 집의 드레스룸에 넓은 공간이 생겨났다.

모두가 마음을 비우고 가진 것을 내려놓으라고 한다. 그러면 행복해진다고. 비울수록 채워지는 게 자연의 이치라고. 간단해 보여도 이게 참 어렵고 힘든 일이다. 숱한 노력과 고생 끝에 얻어낸 결과물을 아무런 대가 없이 그냥 내놓으라 하니 이게 어디 쉬운 일인가.

그러나 우리는 이미 알고 있다. 욕심부릴 때, 집착할 때, 붙들고 있을 때, 너무 많은 것들을 가지고 있을 때 힘들어진다는 걸 말이다. 그런데도 무엇 때문인지 남아돌다 못해 버려지는 것조차 성큼 내놓지 못하고 망설이는 게 된다. 비움에 태클을 거는 욕심이 원인이다. 멈출 수 없는 욕심을 흘러가는 저 구름이 쓸어가면 좋으련만 그럴 생각이 전혀 없을 뿐 아니라 더 크고 많은 걸 원하는 사심이 화를 불러온다. 백만 원만 있으면 좋겠다고 하는 사람에게 백만 원이 생기면 그보다 더 큰 이백만 원을 바라게 되는 것처럼 인간의 욕심은 그 끝을 몰라 욕심이 또 다른 욕심을 부른다.

사실 욕심이라고 전부 다 나쁘고 비판받을 일이 아니다. 욕심 없는 사람이 없고, 욕망이나 욕구 없는 사람도 없다. 삶은 욕망의 연속이며 제대로 잘된 사람은 욕구나 욕망을 통해 진정한 자신을 재발견하기도 한다. 욕심 없다고 하는 것이 오히려 별종의 욕심일 수 있다.

문제는 욕심 자체가 아니라 그 크기일 것이다. 탐욕적인 큰 욕심은 만족을 모르기 때문에 불만이나 부족함과 같은 부정적인 생각을 발생시키지만, 적절한 욕심은 그 욕심을 성취하는 데 필요한 목표와 행동을 만들어내 자신을 발전시키는 마중물 역할을 해준다.

우물과 옷장의 원리처럼 무엇을 채울까 고민하기에 앞서 무엇을 비워 새로워질까를 생각하는 마음가짐이 중요하다. 욕심은 평범하게 살고자 하는 우리를 가만히 내버려 두지 않고 뭔가를 계속해서 거둬들이라고 다그치는 경향이 있다. 욕심부려서 잘되는 일이 없다는 걸 기억하자. 욕심을 멈추게 하는 브레이크는 만족과 비움에 있다. 만족은 큰 욕심이 일으키는 부작용을 사전적으로 막아주고, 비움은 정신상태를 맑고 건강하게 만들어준다.

컵에 물이 가득하면 더는 채울 수 없다. 우리의 삶도 비우고 덜어내지 않으면 새로운 것들을 보충하기 어렵다. 단지 마음을 비우는 것만으로도 자신과 타인을 바라보는 시선이 달라지고 삶의 무게가 훨씬 가벼워지는 느낌을 받는다. 비우라고 해서 모든 걸 비우기만 하는 것이 능사는 아닐 게다. 머리와 가슴은 넘칠 정도로 꽉 채워야 한다.

비움의 선두주자는 나눔일 것이다. 대다수가 생활에 지장이 없을 정도로 풍족하게 살고 있어도 가난이나 질병 등으로 고통받는 이들이 주변에 꽤 많다. 기부, 후원, 자원봉사, 봉사활동 등 이름은 다르지만, 뜻을 모아 다 같이 잘 사는 사회를 만들고자 하는 노력이다.

나누고 베풀며 산다는 게 생각만큼 쉬운 일이 아니다. 나눔을 바라보는 눈길이 각기 다를 수 있고, 말하지 못할 각자의 사정이 있기 때문이다. 심지어 어떤 이는 도움받는 이들의 잘못을 지적하기도 하는데 사람은 타고난 능력이나 노력의 결과가 서로 다른 탓에 우리 사회와 앞서가는 사람들이 자발적으로 나서 부족한 사람을 조금이라도 뒷받침해줘야 한다. 위대한 사람, 돈 많은 사람만 베풀라는 법은 없다.

어느 중소기업 회장님의 미담이다. 한 날은 만나서 할 말이 있으니 시간 좀 내달라는 전화가 왔다. 내용을 들어 보니 서울역 인근의 노숙인들을 위해 동자동 자투리땅을 매입하여 무료 빨래터를 만들려고 하는데 매입자금 대출이 가능한지, 가능하다면 어느 정도 나오는지를 궁금해했다.

빨래터에는 일반 세탁기뿐만 아니라 대형 세탁기와 건조기를 설치하여 노숙인들의 옷과 이불 빨래를 돕고, 세면대도 설치할 예정이라고 했다. 노숙인 돕기를 당연한 일로 여기며 상담에 임하는 회장님의 자세가 참 진지했다. 노숙인들에게 한 끼의 식사도 큰일이지만, 빨래도 그에 못지않게 중요하다는 사실을 이때 알게 되었다.

사회복지법인 초록우산 어린이재단에 가족들과 함께 아주 적은 돈을 10여 년 정도 매월 정기후원하고 있다. 후원자를 발굴하여 어린이재단에 소개하기도 했다. 누군가를 돕는다는 것은 돈의 크기보다 마음 씀과 꾸준함이 더 중요하다. 후원단체 관계자들도 그렇다고 입을 모은다.

〈사회복지법인 초록우산 어린이재단〉

초록우산 어린이재단은 75년 동안 빈곤과 질병으로 고통받는 아동을 도우며 아동권리 옹호활동을 지속해오고 있는 대한민국 아동옹호 대표기관이다. 1948년 문을 연 초록우산 어린이재단은 전쟁고아 구호사업으로 시작하여 1981년 민간 최초로 전국불우아동결연사업을 운영하며 국내 아동복지를 선도해왔다.

1989년에는 국내 최초로 한국아동학대협회를 창립하여 국내 최초로 아동 학대 예방사업을 시작하였으며, 1997년부터 17년간 생방송 '사랑의 리퀘스트' 방송을 통해 도움이 필요한 아이들의 사연을 전 국민에게 널리 전했다.

현재 '모든 아동'의 권리를 보호하는 옹호활동에 주력, 유엔아동권리협약에 따른 아동 권리를 기반으로 복지사업을 강화해가고 있으며, 사회 환경 및 기후변화에 능동적으로 대응하면서 아동권리 보장과 건강한 성장 환경 조성을 위해 노력하고 있다.

2022년 8월에는 우리은행 은행장 및 우리금융지주회사 회장, 한국장학재단 이사, 사단법인 한미협회 제7대 회장 등을 역임한 황영기 회장이 제10대 초록우산 어린이재단 회장으로 취임하여 디지털시대에 맞는 새로운 변신과 도약을 시도하고 있다.

다음은 황영기 회장이 취임사에 밝힌 담대한 포부이다.

"저는 경제계에 오래 있었던 경험을 바탕 삼아 초록우산 어린이재단을 한 단계 발전시켜보겠다는 각오와 무거운 책임감으로 제10대 회장을 맡았습니다.

대한민국이 최근 많은 경제적 발전을 이루었고 정부 또한 아동 복지에 지원을 늘려가고는 있으나 아직도 우리 사회 곳곳에는 아동복지의 사각지대가 많습니다.

베이비박스에 보호되는 아기들, 장애 아이를 키우느라 어려움을 겪는 부모들, 결손 가정에서 돌보지 못한 아이들, 가난의 굴레를 벗어나지 못한 아이들이 우리 주변에 있습니다.

심지어는 자녀를 살해한 후 극단적 선택을 하는 부모들의 가슴 아픈 소식이 전해지기도 합니다. 만일 그 부모들이 자기 자식들을 사회에서 보듬어 주리라는 정보와 믿음이 있었다면 그러한 선택은 하지 않았을 것입니다. 우리들의 책임이 아닐 수 없습니다.

이에 초록우산 어린이재단의 강점인 직접적 복지사업 활동을 더욱 확대해 나가는 한편, 모금 활동을 강화하고 기업의 사회적 책임 실천을 유도하여 도움이 필요한 아동을 적극적으로 지원하고자 합니다."

채움

👤 P의 생각: 머리와 가슴을 넘치게 채워라.

비워야 행복하다지만, 넉넉하게 채워야 할 곳도 있다. 배와 머리와 가슴이다. 사람은 기본적으로 밥을 먹고 배를 채워야 살 수 있다. 동물적 본능에 따라 배가 고프면 의욕이 상실되고 짜증도 나면서 살기 위해 먹어야 한다는 심리가 살아난다. 본능의 힘이 어찌나 강한지 배 채우는 일을 절대 까먹지 않고 정해진 시간에 하루 세끼 꼬박꼬박 잘도 먹는다.

요즘은 건강에 관한 관심이 부쩍 높아지면서 적당량의 건강식을 먹으려는 사회적인 붐이 한창이고, 의료기술의 발달과 풍부한 영양 섭취로 수명이 길어져 우리나라 평균 기대수명이 OECD 국가 중 일본에 이어 2위라는 타이틀을 달고 있다. 타이틀이 빛을 발하기 위해서는 기대수명이 아닌 온전하면서도 정상적인 활동이 가능한 건강수명이 더 긴요하다.

전문가들에 따르면 아침 식사가 건강에 굉장히 중요하다고 한다. 아침을 거르는 경우 에너지 부족으로 인해 뇌 활성화가 제대로 이루어지지 않아 사고력, 집중력, 인지능력 등이 저하된다. 따라서 양질의 아침 식사를 통해 적절한 영양소와 에너지를 공급해줘야 건강한 신체를 유지할 수 있다고 한다.

생명에 필요한 섭생과 별개로 머리도 넘치게 채워야 한다. 나이가 들수록 기억력이 쇠퇴하고 지식 또한 메말라 간다. 영양분을 잘 공급해줘야 몸을 건강하게 지탱할 수 있는 것처럼 우리의 머리 역시 지식과 상식, 정보와 같은 자양분을 지속해서 채워줘야 건강수명이 늘어나고 지혜로워진다.

말하면서 같은 내용을 반복하거나 자기 자랑만 늘어놓거나 개인적인 경험만을 주로 얘기하는 사람이 있다. 그런 사람과의 대화는 재미도 없고, 오가는 내용도 비생산적이어서 말하고 싶은 생각이 들지 않는다.

이러한 현상이 발생하는 이유는 머리에 양질의 자양분이 충분히 공급되지 않아서이다. 재충전 부족에 따라 새로운 지식이나 정보가 취약하다 보니 머리에 가장 선명하게 남아있는 몇 가지 기억만을 자꾸 반복해서 강조하는 것이다. 지식과 정보를 얻는 방편으로는 끊김이 없는 독서가 제격이며 여행, 취미 등 다양한 체험과 사회활동도 도움이 된다.

가슴을 채운다는 말은 무언가를 욱여넣는 게 아니라 가슴을 살짝 터치하여 감동을 자극하는 모든 행위를 말한다. 유사한 용어로는 가슴이 뿌듯하다, 벅차다, 설렌다, 탁 트인다, 두근거리다 등이 있는데 어려운 일을 자기 혼자 힘으로 끝냈을 때 가슴이 뿌듯하다. 여행 목적지에 도착해서 현지 사람들을 만나고 멋진 풍경을 감상하면서는 가슴이 설렌다.

대자연이 만들어내는 청정한 산소를 마시기 위해 마을 뒷동산에라도 오르면 가슴이 탁 트인다. 극장에 가서 좋아하는 영화를 보면 왠지 가슴이 두근거린다. 진정으로 원하는 꿈을 달성했을 때 가슴이 벅차오른다. 좀 더 적극적으로는 봉사활동도 좋고, 관심 있는 단체에 하는 기부도 가슴을 채우는 훌륭한 일이다.

나이가 마흔이 넘으면 자기 얼굴에 책임을 져야 하고, 배운 사람이나 못 배운 사람이나 다 똑같다고 한다. 마흔 이후의 얼굴은 스스로 만드는 것이고, 나이가 들수록 학교에서 배운 지식이 하나둘 소멸하기 때문에 새롭게 배우고 충전하지 않으면 각자의 수준이 엇비슷해진다는 의미다.

섭생 욕구는 잘도 채우면서 바쁘고 힘들다는 핑계를 들어 머리와 가슴 채우는 일을 등한시하기 쉽다. 굶주린 배는 한 끼의 식사로 간단하게 허기를 면할 수 있어도 머리와 가슴은 그 공간을 하루 이틀 만에 채우기 어렵다. 시간이 없더라도 일부러 짬을 내서 자신이 좀 더 나은 사람으로 성장할 수 있도록 꾸준히 정진할 필요가 있다.

면장(免牆)

👤 P의 생각: 세상은 아는 만큼만 보인다.

'알아야 면장을 하지.'라는 말을 들은 적이 있을 것이다. 나를 포함하여 대부분이 여기에서의 '면장'을 행정기관장인 면장面長으로 생각하지만, 전혀 관계없는 말이다. 그러나 '알아야 면장面長을 하지.'는 그 의미가 왜곡된 게 아니라 공자가 말한 '알아야 면장免牆할 수 있다.'와 별개의 의미를 가진 표현으로 보는 게 타당하다는 견해도 있다. 면장免牆의 본래 의미는 벽을 마주한 것 같은 답답함에서 벗어난다는 뜻으로 벽을 향해 서 있는 게 장면이고, 벽에서 벗어나는 게 면장이다.

무식하면 용감하다? 이는 과학적으로 근거가 있는 말로서 특정 분야의 지식과 경험이 부족한 사람일수록 역설적으로 자신의 능력을 과대평가하는 경향이 있다고 한다. 심리학 교수 데이비드 더닝은 학부생들을 상대로 한 실험에서 이와 같은 경향을 확인했고, '무능한 자의 착오는 자신에 대한 오해에서 비롯된다.'는 결론을 내렸다.

무식하면 자신이 알고 있는 세계가 전부인 양 착각해 상대의 능력이 어느 정도쯤인지 가늠할 줄 모르고, 주위 환경을 올바로 이해하지 못해 용감하다. 또한 모르는 게 많으면 애가 타면서 자신감이 떨어지고, 남을 잘 받아들이지도 못한다. 낯선 일이 발생하면 무엇을 어떻게 해야 하는지도 거의 모른다. 이렇듯 무지가 주는 명백한 교훈은 아는 게 없으면 해낼 수 있는 일이 그리 많지 않다는 점이다.

동물은 자신의 환경 속에서 자신이 할 수 있는 행동의 수만큼 대상물을 구분한다고 한다. 사람도 아는 만큼만 보인다. 아는 게 없으면 보이는 것도, 떠오르는 것도 없다. 모르면 그만큼 세상을 모르는 것이고, 자신이 모르는 세상은 없는 세상이나 마찬가지다. 그래서 앎이라는 게 중요하다.

직장 상사는 모르는 게 없는 만물박사 그 자체다. 업무 지식, 일반상식, 최근의 경제 흐름, 조직 내 정보 등 거의 모든 것을 빤히 꿰차고 있는 것처럼 말하고 행동한다. 일장 훈시도 곧잘 늘어놓는다. 실은 진짜 유능하고 본보기가 되는 박학다식한 상사도 대단히 많다.

상사라고 해서 모르는 게 없을까? 회사 내 경험이 풍부하고 정보수집이 상대적으로 쉬우며, 오래 산 덕분에 직원들보다 많이 알고 있기는 하다. 그래도 모든 면에서 절대적인 건 아니다. 배우고 깨우쳐야 할 게 아직 있으면서도 자신은 제쳐

두고 툭하면 아랫사람에게 공부하라 하고, 남이 하는 조언이 자기 위신을 떨어뜨리는 일이라며 조언 듣기를 의식적으로 거부하는 상사가 있다. 어리석기가 그지없는 행동으로서 모름을 인정하고, 그 모름을 벗어나기 위해 학식을 쌓는 사람이 존경받고 더 높은 지위까지 오를 수 있다.

비단 상사에게만 이러한 증세가 있는 건 아니다. 직원들도 순간의 위기를 모면하려는 생각에 잘 모르면서 은근히 슬쩍 넘어가는 경우가 적지 않다. 자신만이 아니라 남한테 피해를 주지 않기 위해서라도 모르는 것은 모른다고 말해야 한다. 모르는데 아는 것처럼 말하는 거짓만큼 바보스러운 행동이 없다. 처음부터 모른다고 해야 다른 사람에게 물어보든지 모르는 것을 가르쳐주든지 할 것 아닌가.

자신을 바로 세우고 답답함에서 벗어나 시원한 삶을 살고자 한다면 무엇이 됐든 끊임없이 배우려는 습관을 들여야 한다. 장자는 내가 살아갈 날은 끝이 있지만, 내가 알아야 할 일은 끝이 없다고 했다. 아는 게 힘이듯이 아는 게 많을수록 이해가 빠르고, 생각이 유연해지고, 행동도 달라지니 배움을 갈고 닦지 않을 이유가 없다.

화의 유예

👤 P의 생각: 딱 15초만 참아라.

'참을 인 석 자면 살인도 면한다.'는 속담처럼 아무리 화가 나도 딱 15초만 참아라. 15초는 심호흡을 다섯 번 정도 하는 짧은 시간으로 심호흡 한 번 한 번에 자신의 운명이 달라지고, 사람들과의 관계가 달라지고, 직장생활의 미래가 달라진다. 참아서 손해를 보는 경우가 있긴 해도 그 손해가 인생을 뒤바꿀 만큼 절대적이진 않다.

화가 난다고 성질대로 해대면 속이 후련해질까? 분노를 폭발시키면 일순간 기분이야 풀리겠지만, 몇 분도 채 지나지 않아 후회의 태풍이 몰아치고, 이는 필연적으로 돌이킬 수 없는 결말로 이어진다. 반면에 화를 참으면 답답하고 열통이 터질 지경일진 몰라도 그 찰나가 지난 후에는 마음이 평온해지면서 참길 잘했다는 생각이 든다.

전문가들에 따르면 분노가 치솟는 데 걸리는 시간이 15초란다. 그 순간만 자리를 피하거나 말을 멈춘 상태에서 2분이 지나면 분노가 가라앉고, 15분이 지나면 평상심으로 돌아올 수 있다고 한다. 딱 15초만 참으면 분노로 인한 엄청난 위기를 넘길 수 있다는 말이 된다.

또한 분노 상태에서 하는 운전은 과속할 확률이 4배, 충돌사고 위험이 2배나 높다고 하니 화가 난 상태에서는 감정조절이 절대 쉽지 않은 것이다.

인제대학교 서울백병원 정신건강의학과 우종민 교수는 분노의 역기능에 대해 다음과 같이 강조했다.

분노는 전염되는 특성이 있어 자기주장이나 카리스마가 강한 리더의 분노는 조직에 금방 전파된다. 감정에는 부정적인 감정과 긍정적인 감정이 있는데 부정적인 감정의 전파속도가 긍정적인 감정의 속도보다 무려 15배나 빠르다.

분노의 감정은 물처럼 높은 곳에서 낮은 곳으로 흘러 자신보다 약하고 만만한 사람에게 옮기기 쉽다. 그래서 화는 직장동료나 가족 등 주변 사람들에게 잘 전염된다.

건강에도 악영향을 끼친다. 화가 나면 아드레날린과 같은 스트레스 호르몬이 갑자기 증가하여 혈압이 올라가고 혈관에 응고 물질이 쌓인다. 분노는 공든 탑을 한순간에 무너뜨린다. 화를 잘 내는 사람은 열심히 일해서 좋은 평을 듣다가도 순간의 감정을 제대로 조절하지 못하는 탓에 큰 손해를 보게 되고, 사람들과의 관계도 원만하지 못하다.

99번 참고 이해하다 도저히 더는 참을 수 없어서 한 번 폭발하면 '그 사람 그렇게 안 보였는데 앞으로 조심해야겠네.'가 되는 것처럼 이유 여하를 막론하고 화는 다른 사람들로부터 이해받기 어려운 행동이다.

화가 많다는 것은 뭔가를 많이 한다는 의미이기도 하지만, 화는 내봐야 자기만 손해다. 화를 내다 병이 생길 수도 있고, 금전적인 손해와 관계의 아픔을 동반하는 경우가 많아서 화를 통제할 줄 아는 감정적 습관이 중요하다.

엄밀히 말하면 화를 참는다는 건 화가 나는 속도를 조절해 분노의 감정을 유예하라는 것이지 무조건 참으라는 게 아니다. 참으면 병이 될 수 있으므로 할 말은 해야 감정이 분해되어 정상적인 생활이 가능해진다.

다만 말을 할 때는 흥분하거나 언성을 높이지 말고, 차분한 말투로 상식을 벗어나지 않는 선에서 차근차근 얘기하는 게 화가 났을 때의 핵심이다. 그런데 이러한 요령들이 논리적으로는 아주 간단해 보여도 실제적으로는 대부분 실행하기 어려운 일이어서 감정 완화에 도움이 되는 행동을 먼저 취해야 한다.

화를 미루는 최고의 대책은 ①**자리를 피하는 일이다.** 분노 게이지가 급상승할 때는 그 분노가 터지기 전에 화나게 한 사람, 화가 난 상황과 장소와 같은 원인 제공처에서 신속하게 벗어나는 것이 최상의 대응이다.

나쁜 일은 한꺼번에 몰려오기 때문에 ②**아무것도 하지 않고 가만히 있어야 한다.** 화가 난 상태에서는 엎친 데 덮치는 격으로 몸을 움직이거나 말을 하면 할수록 분노가 더 커지게 된다. 무슨 일을 하든 잘못될 가능성이 큰 것이다. 이러한 상태에서 하는 감정 실린 말과 행동은 상황만 악화시킬 뿐 문제 해결에 아무런 도움이 되지 않는다.

마음이 복잡하더라도 분노의 화살을 날리기 전에 ③**다시 한번 더 생각해본다.** 자신이 왜 화가 났는지, 이 상황에서 화를 내는 게 맞는지, 화를 내면 문제가 해결되는지 등이다. 흥분이 진정된 상태에서 화의 원인을 곰곰이 따져보면 이해되는 일과 상황이 의외로 많고, 자기 혼자만의 오해인 경우도 있다. 말이야 쉽지, 찰나와 같은 순간에 이성을 차리기란 간단치 않은 행동이다. 이때 시원한 물 한 잔이 흥분을 가라앉혀 주고, 잠시나마 생각할 시간도 벌어준다. 물 한 잔 마시고 정신 차리라는 말이 예의상 그러는 게 아니다.

무승부

👤 P의 생각: 무승부도 아름답다.

'졌잘싸.' FIFA 랭킹 10위를 상대로 졌지만, 잘 싸웠다고 한다. 무승부를 이루고는 마치 승리라도 한 것처럼 그 함성이 뜨겁다. 월드컵 축구 본선에서 일어나는 우리나라 축구 얘기로 개인기가 다소 밀리기는 해도 조직력으로 일궈낸 훌륭한 성과라고들 평가한다.

이김을 목표로 하는 시합이라고 해서 승리와 패배라는 이 분법만 존재하는 것이 아니다. 때로는 승리보다 더 값지고 유의미한 무승부가 수두룩하다. 축구에서 이기면 승점 3점, 비기면 승점 1점인데 비겨서 얻은 1점도 소중한 경우가 많다.

언뜻 보기에는 1점이 다소 실망스러워 보여도 지고 있다가 기적같이 일어난 무승부, 부상이 있었음에도 불굴의 투혼으로 만들어 낸 무승부, 크게 뒤지는 실력인데 똘똘 뭉쳐 패배를 막아낸 무승부가 있다. 경기 중 어마어마한 노력과 헌신이 투입되었고, 그 과정도 실로 대단해 감동하지 않을 수가 없다. 승리했다고 전부를 이겼다고 말하기 어려운 이유이다. 비록 이기지는 못했으나 무승부를 기록한 선수들에게 힘찬 응원의 박수를 보내줘야 한다.

이들은 무승부를 통해 많은 것을 깨달았을 것이다. 해낼 수 있다는 자신감과 팀워크의 소중함이다. 물론 이기고 있다가 의외의 무승부를 당한 팀의 사정은 다르다. 그래도 딱 한 번의 실수였든, 일시적으로 팀워크가 무너졌든 간에 어떻게 해야 끝까지 승리를 지켜낼 수 있는가를 생생하게 체득했을 것이다.

조직에서 팀워크가 얼마나 중요한지를 잠깐 짚고 간다. 세계 최강인 우리나라 양궁 실력은 거저 생긴 게 아니다. 부단한 노력과 단단한 팀워크가 있어 가능했던 일이다.

2020 도쿄 하계올림픽에서도 그 실력을 여실히 증명했듯이 '올림픽 9연패'라는 대기록을 달성한 여자 단체전 우승은 스포츠 역사상 그 유례를 찾아보기 힘든 위대한 업적이다. 가장 큰 원동력은 노하우의 축적이지만, 현장에서 발휘되었던 팀워크를 결코 무시할 수 없다. 조직에서도 이 사실을 중시해야 한다.

TV를 통해 본 것처럼 단체전 우승을 하기 위해서는 선수 개개인의 능력이 중요한데 어려울 때일수록 서로 위로하고 격려하는 팀워크 또한 그에 못지않다. 10점 과녁을 맞히지 못해도 등을 두드리며 괜찮다고 한다. 어쩌다 7점을 쏘면 더 큰소리로 파이팅을 외친다. 다음 선수가 10점을 정확히 맞히면 또 잘했다고 격려하면서 3명의 선수가 차례로 전체 27번의 활시위를 당긴다. 만약에 7점 맞힌 선수를 그 자리에서 바로 나무란다면 선수들의 사기가 떨어지는 것은 물론이고 다음 선수는 화살을 시위에 메길 용기가 나지 않을 것이다.

축구 경기에서도 뛰어난 스트라이커 한 명이 단독 드리블로 골을 넣기란 사실상 불가능에 가깝다. 선수들이 서로 볼을 주고받다가 절묘한 패스로 혹은 상대 팀의 뜻하지 않은 실수로 득점 찬스를 만들어낸다. 골이 나지 않고, 실수가 잦아 경기가 풀리지 않을 때 선수들이 어디에 위치하면 더 좋은지를 서로 알려주라고 하는 감독의 주문 역시 팀플레이를 하라는 의미다.

팀워크는 개개인의 헌신, 희생과 양보가 근간이 되고 수많은 땀과 정성이 들어가야 비로소 완성된다. 이 과정에서 돌출하는 선수도 있고 탈락하는 선수도 있다. 그래도 이들을 끌어안고 서로 돕는 게 팀워크의 본질이다.

개성이 넘치는 사람, 자존감 무척이나 센 사람, 실력이 다소 부족한 사람 등 별의별 사람이 다 있고, 구성원 간 협업을 통해서 처리해야 하는 일이 많은 직장에서도 팀워크는 필수이며 아무리 강조해도 지나치지 않다. 팀워크에는 모래알 같은 각자의 속성을 한 방향으로 집중하도록 이끄는 힘이 있어 조직에서의 팀워크는 생명과도 같다. 그렇다고 해서 이를 강압적으로 밀어붙여서는 곤란하다. 팀워크라는 명목하에 팀원의 개성을 무시하거나 개인의 희생만을 강요하는 구태는 엄격히 제한되어야 한다.

승리보다 패배나 무승부를 더 많이 기록한 사람들이 우리 사회의 주류를 이룬다. 대부분 이들은 성공과 실패라는 두 개의 단어에 연연하지 않고 자기 일에 최선을 다하며 힘차게 살아간다. 이기는 게 전부가 아니고 항상 잘할 수도 없다. 질 때도 있고 승패가 나지 않을 때도 있다.

조직의 성장도 1등이나 우수한 자들이 전부가 아니다. 1등은 차치하고 중간만이라도 하기 위해 끝까지 최선을 다한 구성원들의 땀과 헌신이 있었기에 조직의 성장발전이 가능했던 일이다.

무승부 게임에서 전개되는 감동적인 파노라마처럼 꼴찌를 벗어나기 위해 악전고투하는 과정 역시 눈물겹다. 어차피 1등이 아니어서 그냥 포기해도 괜찮을 법한데 열정을 다한 그들의 공헌은 정당하게 평가받아 마땅하다. 무승부를 자주 한다는 건 승리가 임박했다는 기분 좋은 조짐이다. 승리하지 못한다고 기죽을 이유가 하나 없음에도 우리가 너무 승리에만 집착하는 것은 아닌지 모르겠다.

리오프닝

👤 P의 생각: 나이가 들수록 목표가 필요하다.

정년퇴직 이전에 일정한 나이가 되면 임금을 줄이는 대신 정년까지 고용을 보장해주는 제도가 임금피크제다. 회사의 사정에 따라 차이가 있으나 보통은 2~3년 정도이며, 길게는 5년을 임금피크제로 근무하는 사람도 있다.

이 기간이 머지않아 전혀 다른 세상을 마주해야 하는 Pre-퇴직러에게 미래를 준비하는 소중한 기회가 된다. 실제로 이들과 현재의 일이나 퇴직 이후의 삶에 관해 얘기해보면 멋진 그림을 그려놓은 사람들이 참 많다. 손에 잡히는 계획이라 부럽기까지 하다.

어떤 사람에게는 한가롭기 그지없는 시간일 뿐이다. 하는 일이 거의 없어 남들이 부러운 눈빛으로 쳐다볼 정도라지만, 특별히 정해놓은 계획이 없다 보니 하루가 어떻게 가는 줄도 모르는 상태에서 아까운 시간만 까먹는다. 어느샌가 노는 재미도 없어진다. 그러면서 무기력증을 느끼게 되고 자신감마저 슬금슬금 퇴보한다. 무계획과 무기력증에 영혼이 탈탈 털리는 양상이다.

현역 때 그렇게 날고 기던 사람이 막상 퇴직을 앞두고는 이처럼 왜 맥이 풀리고 행복감이 떨어지는 걸까?

막판까지 본연의 일을 충실히 하는 것은 좋으나 내일모레면 현직에서 물러나야 하는 Pre-퇴직러 중 일부가 미래에 대한 알찬 계획 없이 현실에 안주하는 경향이 있다. 삶의 의미가 희미해져서인지 그들은 자신이 진정 바라고 원하는 미래가 무엇이고, 퇴직 이후에 어떻게 살아야 하는지에 대한 구체적이고도 실행 가능한 목표를 갖고 있지 않았다. 이것이 바로 퇴직을 앞둔 사람들의 자신감과 행복감을 떨어뜨리는 주된 요인이 된다.

젊어서는 해야 할 일이 많고 만나는 사람도 여기저기여서 목표가 없어도 하루, 일주일 계획이 빼곡하다. 그야말로 눈코 뜰 새 없이 바쁘기만 하다. 나이가 들어서는 제일 먼저 정해진 일이 없어진다. 생활도 불규칙해진다. 만나는 사람이 급격히 감소하고 관심 가는 일이 크게 줄어들면서 존재감마저 위협받는다.

무기력증을 탈피하고 흔들리는 존재감을 바로 잡기 위해서는 목표가 있어야 한다. 연륜이 쌓여갈수록, 시간이 많아질수록 넘치는 시간과 여유에 맞는 목표가 더 필요하다. 구체적인 목표를 세우고 그 목표를 하나씩 해내다 보면 일차적으로 만나는 사람이 많아진다. 삶에 생기가 도는 것은 물론이고 자신의 현 상태와 미래도 직접 확인할 수 있다. 내일과 모레, 낯선 사람이 자꾸 기다려질 수밖에 없다.

퇴직은 문장의 마침표가 아니라 인생의 쉼표이다. 이제 새로운 시작일 뿐으로 은퇴를 서두르지 않아야 한다. 빠른 은퇴는 자신도 손해이고 사회적으로도 손실이 크다. 직장은 정년이 있어도 일에는 정년이 없다.

낯설고 귀찮고 불편해도 자신 있게 정면으로 대응해야 한다. 피할수록 무기력해지고 세상과 세월만 탓하게 된다. 지금까지 사회생활이나 가정생활을 잘 꾸려온 것처럼 퇴직 이후 새롭게 다가오는 낯선 것들 또한 거뜬히 이겨낼 것이다.

인생은 자전거를 타는 것과 같다. 끊임없이 움직이고 페달을 밟아야 균형이 잡힌다. 나이가 들어서도 자신만의 목표를 세우고, 그 목표에 따라 자전거를 타는 부지런한 움직임이 있어야 더욱 건강하고 활기찬 삶을 꾸준히 유지할 수 있다.

👤 P의 생각: 정년퇴직은 인생 리오프닝이다.

전쟁 후 베이비 붐이라는 사회적 분위기 속에서 태어난 베이비 부머는 1955~1963년에 태어난 세대를 일컫는 말이다. 배고픔과 가난을 벗어나 잘살아 보겠다고 앞만 보고 열심히 달려왔던 이들이 다니던 회사를 본격적으로 퇴직하면서 앞으로 인생을 어떻게 전개해 나갈 것인가에 관한 공통의 고민을 안고 있다.

그동안 부모님 봉양과 자식 부양의 책임을 지면서 자신은 미처 돌보지 못한 세대, 그러면서도 자신은 자식으로부터 봉양을 기대하기 어려운 틈새에 낀 세대가 되어 노년을 홀로 자립해야 하는 험난한 인생의 길목을 지나고 있다. 모아 둔 재산이 충분하지 않은 상태에서 일자리 구하기가 점점 힘들어지고, 물가는 다락같이 치솟는 세상과 마주하고 있어 자칫하다가는 그동안 힘겹게 쌓아온 인생 업적이 한순간에 모래알처럼 흩어지게 될 판이다.

학교 같은 곳에서 규정에 따라 소정의 교과 과정을 마치면 반드시 맞이하게 되는 것이 졸업이다. 낯선 세상을 만나기 전 치러지는 졸업식에서 흔히 하는 얘기 중의 하나가 우등상보다 개근상이 훨씬 더 훌륭하고 대견하다는 칭찬이다. 학업 성적과 무관하게 결석 한 번 하지 않은 꾸준함과 성실함을 높이 평가하는 것이다.

직장인들 역시 인생의 전부를 걸었던 퇴직이라는 이벤트가 있다. 이 행사는 그동안 묶어두었던 시원함, 아쉬움, 서운함, 기대감, 두려움, 설렘 등이 오버랩되면서 몇십 년 묵은 감정이 한꺼번에 터져 나오는 특별한 순간이다. 주어진 소임을 무사히 마치고 평범하게 퇴직하는 작은 영웅분들께 뜨거운 찬사를 보낸다.

성공했다고 여겨지는 사장이나 이사가 되어 보무도 당당하게 퇴직하면 더욱 자랑스러울 것이나 자리가 몇 개 안 되는 고위직에 오르기란 쉬운 일이 아니다. 마지막까지 최선을 다해 값진 무승부를 일궈낸 선수들처럼 모진 풍파를 이겨내고 평범한 선에서 아무 탈 없이 퇴직하는 직장인은 분명 아름다운 이웃임이 틀림없다.

퇴직이란 지금까지 살아온 경험을 바탕으로 또 다른 일과 새로운 인연을 만나 낯선 세상을 헤쳐나가는 인생 2막의 위대한 출발점이자 기분 좋은 리오프닝이다. 그야말로 초등학교를 갓 입학한 1학년생이 느낄 법한 설렘과 두려움이 퇴직자들을 기다리고 있다. 이는 젊은 세대가 감히 상상도 할 수 없는 역사적인 순간인데도 '내가 이 나이에 뭘.'이라며 조로하는 인물이 있다. '인생 뭐 있어.' 하면서 스스로 삶의 영역을 스스로 좁히는 소인배도 있다. 이는 소모적인 태도이면서 자신의 포지션을 괄시하는 맥락이다.

정신과 의사들은 입을 모아 말한다. '이 나이에 뭘 이라는 냉소적인 생각은 금물이다. 노령에도 뇌세포는 증식한다. 죽을 때까지 공부하라.' 뭐라도 하면서 부지런히 움직이라는 조언일 것이다.

어쨌든 건강수명이 꾸준히 늘어나는 시대인지라 자신에게 주어지는 기회나 만남 또한 많아질 수밖에 없다. 세월이 익어 갈수록 낯선 사람과의 만남, 낯선 경험과의 만남, 낯선 문화와의 만남이 필연적으로 다가온다. 이를 내 것으로 만드느냐 아니냐는 오직 자신에게 달렸다.

그런데 그간의 고생과 지나온 세월을 보상이라도 받으려는 듯 이제부터는 편하게 살자며 삶의 끈을 너무 빨리 놓으려는 사람들이 있다. 이는 종점이 아직 멀리 있는데 서둘러 버스에서 내려 나머지 먼 길을 홀로 힘겹게 걸어가야 하는 것이나 다름없다.

지금은 100세 시대라고들 한다. 인생 리오프닝이 요구된다는 말이다. 리오프닝Reopening이란 중단되었던 사업 및 경영 또는 경제 활동의 재개를 의미한다. 경제 활동이 재개되고 시장이 개척되었다고 해서 늘 원활하게 이루어지는 것은 아니다. 역성장하는 때도 있고 과도한 욕심에 주저앉게 되는 일도 있다. 그래도 인생 리오프닝은 필요하다. 자신의 생애를 사랑해야 하기 때문이다.

최고의 VIP

👤 **P의 생각: 가족은 생애 최고의 VIP다.**

어느 방송 기자가 예정에 없던 일로 재벌 회장과 인터뷰를 했다. 인터뷰를 무사히 마친 회장은 "오늘 마땅히 저녁 식사를 모셔야 하는데 아주 귀한 VIP와 선약이 있어서 죄송하게 되었습니다. 다음에 꼭 모시도록 하겠습니다."라고 말했다.

살짝 당황한 기자는 그게 누군지 궁금해 물었다. "VIP가 혹시 고위급 인사입니까? 아니면 다른 회장님입니까?" 그러자 회장은 웃으면서 이렇게 답했다. "아닙니다. 제 가족입니다. 부모님과 처와 자식이죠."

이 말을 듣고, 순간 엄청나게 감동하며 놀란 기자는 그날 잡힌 다른 약속을 모두 취소하고 VIP를 만나러 곧장 집으로 향했다고 한다.

한때는 친구가 제일 소중하다고 생각한 적이 있다. 부모님이나 형제보다 할 얘기가 더 많았고, 무슨 말을 해도 잘 통하고, 함께 노는 게 좋아서였을 것이다. 친구가 있어 인생이 즐겁고 때로는 힘이 되어주지만, 가족만큼의 의미와 동력이 되기에는 역부족이다. 가족은 아무런 조건 없이 서로를 무한정 응원해주고 행복과 평안을 빌어준다.

가족의 사랑을 받지 못하는 사람은 밖에서도 인정받지 못해 자신이 원하는 대로의 인생을 펼치기 어렵다. 사랑의 의미를 올바로 터득하지 못해 남을 사랑할 줄도, 남에게 베풀 줄도 모르는 경우가 많다. 하는 일마다 자신감이 떨어져 삶의 애착까지 약해진다. 가족을 사랑하지 않을 이유가 없다.

벌거벗은 모습으로 자신의 모든 것을 보여주는 가족이라지만, 똑같은 일을 놓고 남이라면 괜찮을 것인데 가족이라 더 힘들 때가 있다. 위안을 줄 거라 믿었는데 핀잔을 줄 때, 들어줄 줄 알았는데 더 많은 말을 하며 충고할 때, 내 마음을 알아줄 거라 기대했는데 그 기대가 무너질 때다.

실수를 저지르거나 기대에 부응하지 못할 때도 남들에게는 '죄송합니다.'라는 말 한마디면 그만인데 가족이라 더 미안해하고, 더 죄송해해야 하는 경우가 있다. 그래도 그게 아닐 것이다.

가족은 무슨 일이든 이해와 용서로 서로를 포근하게 안아주고, 그 어떠한 아픔도 같이하면서 지극정성으로 치료해준다. 가족은 남들처럼 한 발 떨어져 말로만, 마음으로만 걱정하지 않는다. 추울 때는 뜨끈한 아랫목을 성큼 내어주고, 어쩌다 넘어져 다치면 행여 흉터라도 남을세라 약을 발라주고 애간장을 태우는 그런 특별한 존재다.

그런데도 아침저녁으로 보니 거리낌이 없다고, 누구보다 가까우니 알아서 다 해줄 거라 기대하며 가족을 등한시하는 때가 있다. 이는 누구에게도 이롭지 않은 행동이다. 학교 스승을 존경하고 죽마고우를 존중하는 것처럼 가족에게도 동등한 예우를 갖추어야 한다.

생애 최고의 VIP는 가족이다. 인간은 가족이라는 울타리에서 태어나 가족의 사랑을 받으며 철이 들고, 성장하고, 발전하다가 가족의 품에서 생을 마감하게 된다. 한 인간의 위대한 탄생 그리고 삶의 과정과 마지막 모두를 송두리째 알고 있는 유일한 존재가 바로 가족이다.

세월이 흐르면서 소중하게 느껴지는 것들이 참 많다. 그중에서도 가족이 단연 으뜸으로서 부모 형제와 자식 생각이 세월 따라 점점 깊어진다.

가족은 가장 힘이 센 삶의 동력이다. 역사에 이름을 남기는 위대한 업적도 좋지만, 가족을 아끼고 사랑하는 마음이 한결 더 중요한 일일 것이다.

알고 있으면 더 즐겁게 살아갈 수 있는 인생의 꿀팁들

권선복(도서출판 행복에너지 대표이사)

    역사적으로 '먼저 삶을 살아 온' 기성세대의 비축된 경험과 지혜는 후세가 좀 더 나은 삶을 살아가는 데에 항상 좋은 정보가 되어 주고 있습니다. 그럼에도 불구하고 '꼰대'라는 단어가 한류와 함께 수출되어 영어사전에 등재될 정도가 된 것은 빠르게 변화하는 사회 속에서 젊은 세대가 과거의 방식을 고수하는 기성세대를 어떻게 생각하는지를 보여주고 있습니다. 그렇다면 어른이나 선생님이 아닌, 나를 진심으로 돕고 싶어 하는 친구가 들려주는 다정한 이야기는 어떨까요?

    이 책 『Pre-퇴직러가 전하는 직장살이 비결』은 젊은 세대보다 앞서 삶을 살아 온 기성세대의 입장에서 사회 초년생들이 숙지하고 세상을 살아가면 많은 도움이 될 만한 '인생살이 팁'을 선생님이나 어른의 고압적이고 권위적인 위치가 아닌, 마치 친구와도 같은 눈높이에서 안온하고 따뜻하게 들려주고 있는 책입니다. 특히 이 책은 은행의 행원에서부터 책임자, 팀장을 거쳐 고경력 직원(Pre-퇴직러)까지, 30여 년의 직장생활을 통해 얻게 된 저자의 직장생활, 사회생활 팁을 중점적으로 담아 처음 사회생활을 시작하는 초년생들이 시행착오를 덜 겪고, 오랜 세월이 지나 직장생활의 끝자락에서 자신이 후회했던 것들을 후회하지 않을 수 있도록 돕고 싶다는 저자의 바람을 잘 드러내고 있습니다. 일을 잘하려면 무엇이 필요한지, 직장동료와 상사를 어떤 마음가짐으로 대해야 하는지, 언젠간 누구나 마주해야 하는 직장생활의 마지막에서 후회를 최대한 줄이려면 무엇을 준비해야 하는지 등의 이야기들은 언뜻 당연하고 평범한 이야기로 들릴지 모르겠지만 동시에 매우 실용적이면서도 유용한 인생의 가이드이기도 합니다.

"인생을 살다 보면 자신의 실수나 잘못으로 혹은 남의 모함이나 견제 등으로 원치 않은 일이 수없이 발생한다. 그런데 세월이 지나고 보니 이러한 격정적인 포인트가 당시와는 달리 그리 심각한 일이 아니었고, 이해되는 것이 참 많다." 이 책을 통해 자신이 겪은 시행착오를 사회 초년생들이 겪지 않았으면 하는 따뜻한 저자의 애정을 독자 분들께서도 느낄 수 있었으면 좋겠습니다.

'행복에너지'의 해피 대한민국 프로젝트!

<모교 책 보내기 운동> <군부대 책 보내기 운동>

한 권의 책은 한 사람의 인생을 바꾸는 힘을 가지고 있습니다. 한 사람의 인생이 바뀌면 한 나라의 국운이 바뀝니다. 그럼에도 불구하고 많은 학교의 도서관이 가난하며 나라를 지키는 군인들은 사회와 단절되어 자기계발을 하기 어렵습니다. 저희 행복에너지에서는 베스트셀러와 각종 기관에서 우수도서로 선정된 도서를 중심으로 <모교 책 보내기 운동>과 <군부대 책 보내기 운동>을 펼치고 있습니다. 책을 제공해 주시면 수요기관에서 감사장과 함께 기부금 영수증을 받을 수 있어 좋은 일에 따르는 적절한 세액 공제의 혜택도 뒤따르게 됩니다. 대한민국의 미래, 젊은이들에게 좋은 책을 보내주십시오. 독자 여러분의 자랑스러운 모교와 군부대에 보내진 한 권의 책은 더 크게 성장할 대한민국의 발판이 될 것입니다.